Das Werkzeug · *Your tools* · *Les outils*
***Los utensilios* · Gereedschap**

1. Schere · *Scissors* · *Ciseaux* · *Tijeras*
Schaar

2. Lineal · *Ruler* · *Règle* · *Regla* · Liniaal

3. Klebstoff
(Klebestift, Papierkleber oder Alleskleber)
Glue
(if you have no paper glue then use wood glue)
Colle (colle pour papier ou colle universelle)
Pegamento
(cola para papel, pegamento universal)
Lijm (knutsellijm of plakstift)

4. Spitzer Gegenstand oder leerer Kugelschreiber.
Empty ballpoint pen or similar (for scoring card).
Un vieux stylo ou quelque chose de similaire.
Un bolígrafo sin tinta o un objeto agudo.
Stalen pen (of een lege ballpoint).

5. Klammer (eine Wäscheklammer genügt)
Bulldog clip (or clothes peg)
Pince (une pince à linge suffit)
Pinza (basta con una pinza para colgar ropa)
Klem (een wasknijper voldoet ook)

Bastelanleitung
Instructions · Instructions · Instrucciones
Aanwijzingen

Zuerst die Erklärung genau durchlesen!
Entspannt, in Ruhe und vorsichtig arbeiten!
Take your time, read the instructions first.
Lire d'abord les instructions! Travaillez calmement, lentement et soigneusement!
Leer primero las explicaciones con todo detenimiento. Proceder con relajamiento, tranquilidad y cuidado.
Lees eerst de uitleg goed! Werk op uw gemak, rustig en voorzichtig!

1. Alle Teile werden zunächst entlang ihrer Schnittmuster ausgeschnitten und wie in dieser Bastelanleitung beschrieben bearbeitet.

All parts are to be cut out first along the lines of the pattern and assembled as described in these instructions.

Toutes les pièces doivent être découpées le long du dessin et travaillées comme indiqué dans ces instructions.

Todas las piezas se recortan primero por el contorno y se procede luego como se indica en estas instrucciones.

Knip de delen langs hun patroon uit en bewerk ze volgens de aanwijzingen hieronder.

2. Knicken: Vor dem Knicken mit dem Stift unter leichtem Druck über die Falzlinien fahren. Der Knick wird exakter!

To make the folds more accurate, score along the fold lines first using an empty ballpoint pen or something similar.

Pliage: avant de plier, marquer le pli à l'aide du stylo. Le pli sera plus exact!

Pasar el bolígrafo sin tinta a lo largo de las líneas de doblado para que el doblez sea más exacto.

Vouwen: Maak, voordat u het papier vouwt, met de stalen pen of ballpoint een vouwlijn. Zo wordt de vouw mooi scherp.

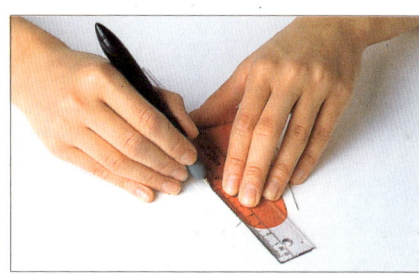

----- »herunterklappen«. Der Knick zeigt nach oben.

----- *"fold down" so that the fold line points upwards.*

----- *«rabattre». Le pli est orienté vers le haut.*

Doblar a lo largo de las líneas ----- hacia abajo.

De ----- lijnen vouwt u zo, dat er een bolling ontstaat.

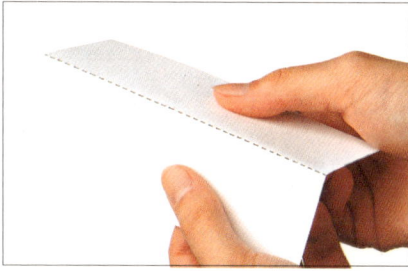

-·-·-· »hochklappen«. Die Linie liegt im Knick.

-·-·- *"fold up" so that the fold line lies in the fold.*

-·-·- *«relever». Le pli est orienté vers le bas.*

Doblar a lo largo de las líneas -·-·-·hacia arriba.

De -·-·-· lijnen vouwt u zo, dat er een uitholling ontstaat.

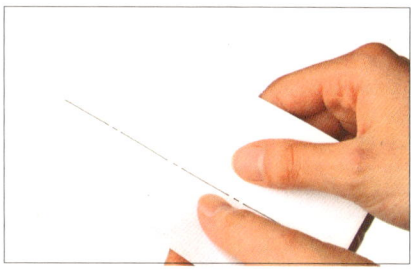

3. a) Wölben: ____ Linie einschneiden.

Contouring: cut along the ____ lines.

Encoches: Couper le long des lignes ____.

Las incisiones en forma de V: Cortar primeramente la incisión en forma de V a lo largo de la línea ____.

Inkepingen: Knip in langs de ____-lijn.

b) ★ Klebstoff auf den Falzrand auftragen und diesen unter die benachbarte Kante kleben, so daß die blauen Linien verdeckt sind. Die farbige Seite wölbt sich nach außen oder nach innen. Solange zusammenhalten, bis der Klebstoff getrocknet ist. Sonst löst sich die Klebestelle wieder.

★ *Spread glue on edges of folds and stick under the adjacent edges so that the blue lines are covered. The coloured side represents either a bulge inwards or outwards. Hold together until the glue is completely dry, otherwise the joint may come apart.*

★ *Appliquer de la colle sur la languette et coller celle-ci de manière à ce que les lignes bleues soient invisibles. Les côtés colorés sont soit bombés soit creux. Tenir jusqu'à ce que la colle soit sèche sinon les parties pourraient se décoller.*

★ *Esparcir la cola sobre las pestañas que se han de pegar, unir estas pestañas de manera que las líneas azules queden cubiertas y las superficies coloreadas queden hacia afuera (o hacia adentro), y sujetarlas hasta que estén secas.*

★ Breng dan lijm aan op de lijmranden en lijm ze zo vast, dat de blauwe lijnen verdwijnen. De gekleurde vlakken bollen naar buiten (of naar binnen). Houd ze stevig vast totdat ze droog zijn, anders laten ze weer los!

Stegosaurus · Stégosaure · Estegosaurio

🖌️ hier Klebstoff auftragen. A B C usw. kennzeichnet die Reihenfolge, in der die Laschen zum Halt eines Teiles oder an ein anderes Teil geklebt werden.

🖌️ Apply glue here. A B C etc. determines the order for glueing the tabs to make up the part or to fasten it onto another part.

🖌️ Appliquer la colle ici. ABC etc. détermine l'ordre dans lequel les languettes doivent être collées aux pièces.

🖌️ Esparcir cola aquí. A B C etc. indican la secuencia en la que se han de pegar las pestañas o bordes a otras partes de la pieza o a otra pieza.

🖌️ Hier lijm aanbrengen. Lijm de lijmvlakken in de volgorde ABC etc.

4. Mit Klebstoff sparsam umgehen; das Resultat wird schöner.

Don't use too much glue. The results will look better if you use as little glue as possible.

Ne pas utiliser trop de colle. On obtient un meilleur résultat en en utilisant peu.

No utilizar demasiada cola. Al utilizar poca cola, se obtiene un resultado más bonito.

Gebruik niet teveel lijm, dan wordt het resultaat mooier.

5. Die einzelnen Teile sollten nach der Reihenfolge ihrer Nummern zusammengebastelt werden.

The parts are numbered in the order in which they are to be assembled.

Le numéro des pièces indique l'ordre à suivre.

Los números de cada pieza indican la secuencia en la que se debe proceder al armar el dinosaurio.

De nummers van de onderdelen geven de volgorde van het werk aan.

6. Anleitung (Zeichnungen):
Instructions (drawings):
Instructions (dessin):
Instrucciones (dibujos):
Verklarende afbeeldingen:

▭ Außenseite · *outside* · côté extérieur
superficies externas · buitenkant

▬ Innenseite · *inside* · côté intérieur
superficies internas · binnenkant

Achtung!
Vorsichtig und genau arbeiten, vor allem beim Ausschneiden und Kleben.

Note!
Be especially careful when cutting out and glueing.

Attention!
Lors du découpage et du collage des encoches, travailler très soigneusement.

¡Atención!
Trabajar con cuidado y exactitud, sobre todo cuando se estén recortando y pegando las incisiones en forma de V.

Let op!
Werk nauwkeurig, vooral bij het knippen en bij het lijmen van de inkepingen.

Wenn man die Einzelteile, die rund geklebt werden müssen, an einer Tischkante o.ä. abrundet, können sie gut zusammengefügt werden.

The parts which are to be curved when finished can be formed over the edge of a table for example.

Les pièces devant présenter une rondeur à la fin peuvent être préformées au bord d'une table ce qui permet leur bon assemblage.

Las piezas que se han de pegar en forma redondeada, pueden ser redondeadas ya de antemano en el borde de una mesa por ejemplo. Así se obtendrán excelentes resultados.

Als u de onderdelen die rond moeten worden gelijmd, op de rand van een tafel o.i.d. kromt, kunnen ze mooi worden gemonteerd.

2

1 Rumpf
Body · Corps · Tronco · Romp

1. Teil ❶ ausschneiden und wie in der Bastelanleitung beschrieben bearbeiten. Die farbige Seite wölbt sich nach außen. Dieses gilt auch für alle folgenden Teile.

Cut out part ❶ and proceed as described in the instructions. The coloured side bulges outwards. This applies to all the following parts.

Découper la pièce ❶ et procéder comme indiqué dans les instructions. Le côté coloré est bombé. Ceci est aussi le cas pour les pièces suivantes.

Recortar la pieza ❶ y proceder según las instrucciones. El lado coloreado se abomba hacia afuera. Esto es así con todas las piezas siguientes.

Knip deel ❶ uit en bewerk het volgens de aanwijzingen. De gekleurde kant komt bol te staan. Dit geldt ook voor alle volgende delen.

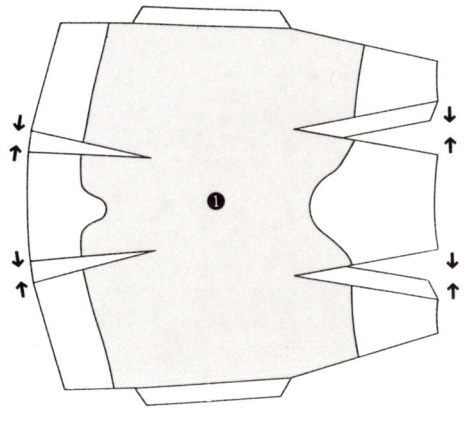

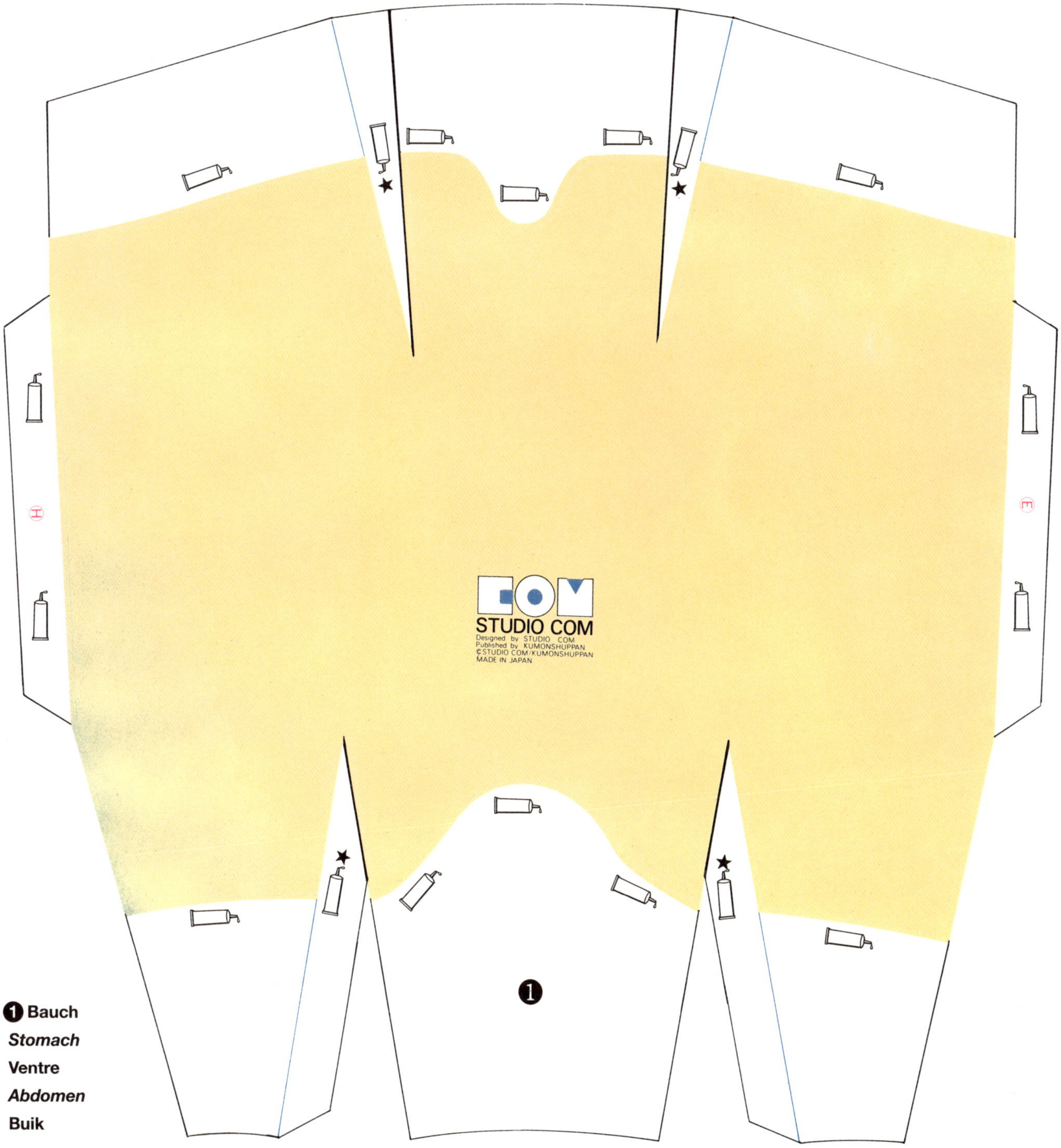

❶ Bauch
Stomach
Ventre
Abdomen
Buik

3. Teile ❷ und ❸ zusammenkleben. Reihenfolge: ABCD

Glue parts ❷ and ❸ together. Order: ABCD

Coller la pièce ❷ à la pièce ❸. Ordre à suivre: ABCD

Pegar las piezas ❷ y ❸ en el orden ABCD

Lijm ❷ en ❸ samen in de volgorde ABCD

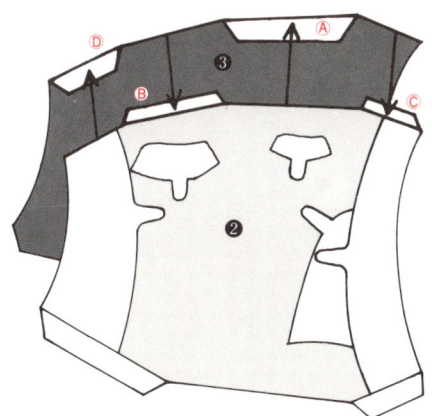

4. Teile ❶ und ❷ ❸ zusammenkleben. Reihenfolge: EFGHIJ.

Glue parts ❶ and ❷ ❸ together. Order: EFGHIJ.

Coller la pièce ❶ aux pièces ❷ et ❸. Ordre à suivre: EFGHIJ.

Pegar la pieza ❶ y las piezas ❷ ❸ en el orden EFGHIJ.

Lijm ❶ en ❷ ❸ samen in de volgorde EFGHIJ.

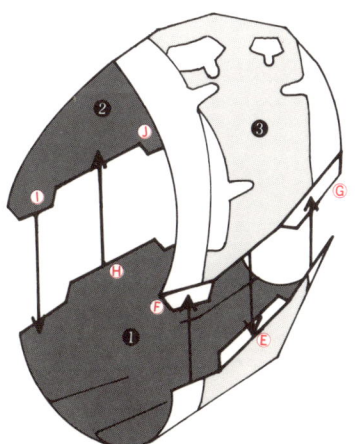

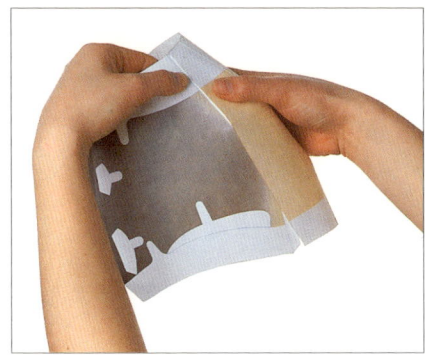

❸ Rücken rechts
Right half of back
Partie droite du dos
Parte derecha del lomo
Rug rechts

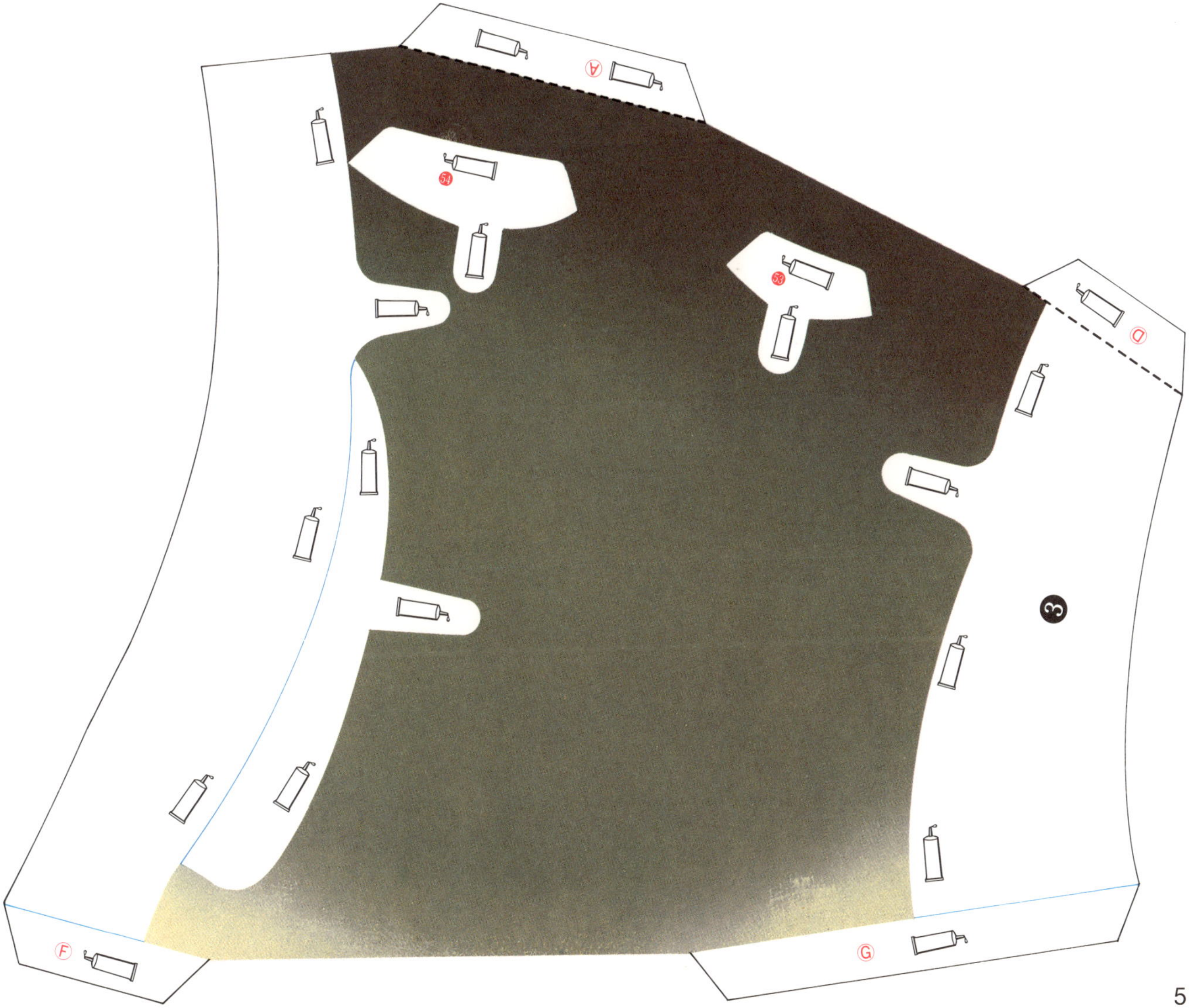

5. Teil ④ und ⑤ ausschneiden und bearbeiten. Die farbigen Seiten wölben sich nach außen.

Cut out parts ④ ⑤ and proceed as per instructions. The coloured sides bulge outwards.

Découper les pièces ④ et ⑤ et procéder comme décrit dans les instructions. Les côtés colorés sont bombés.

Recortar las piezas ④ y ⑤ y proceder según las instrucciones. Los lados coloreados se abomban hacia afuera.

Knip ④ en ⑤ uit en bewerk ze. De gekleurde delen komen bol te staan.

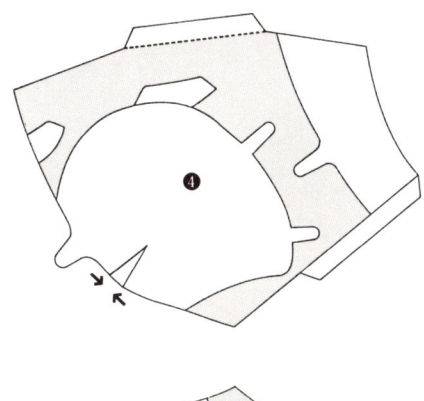

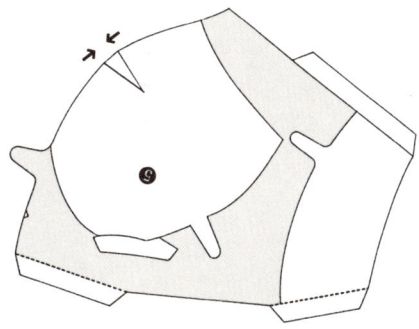

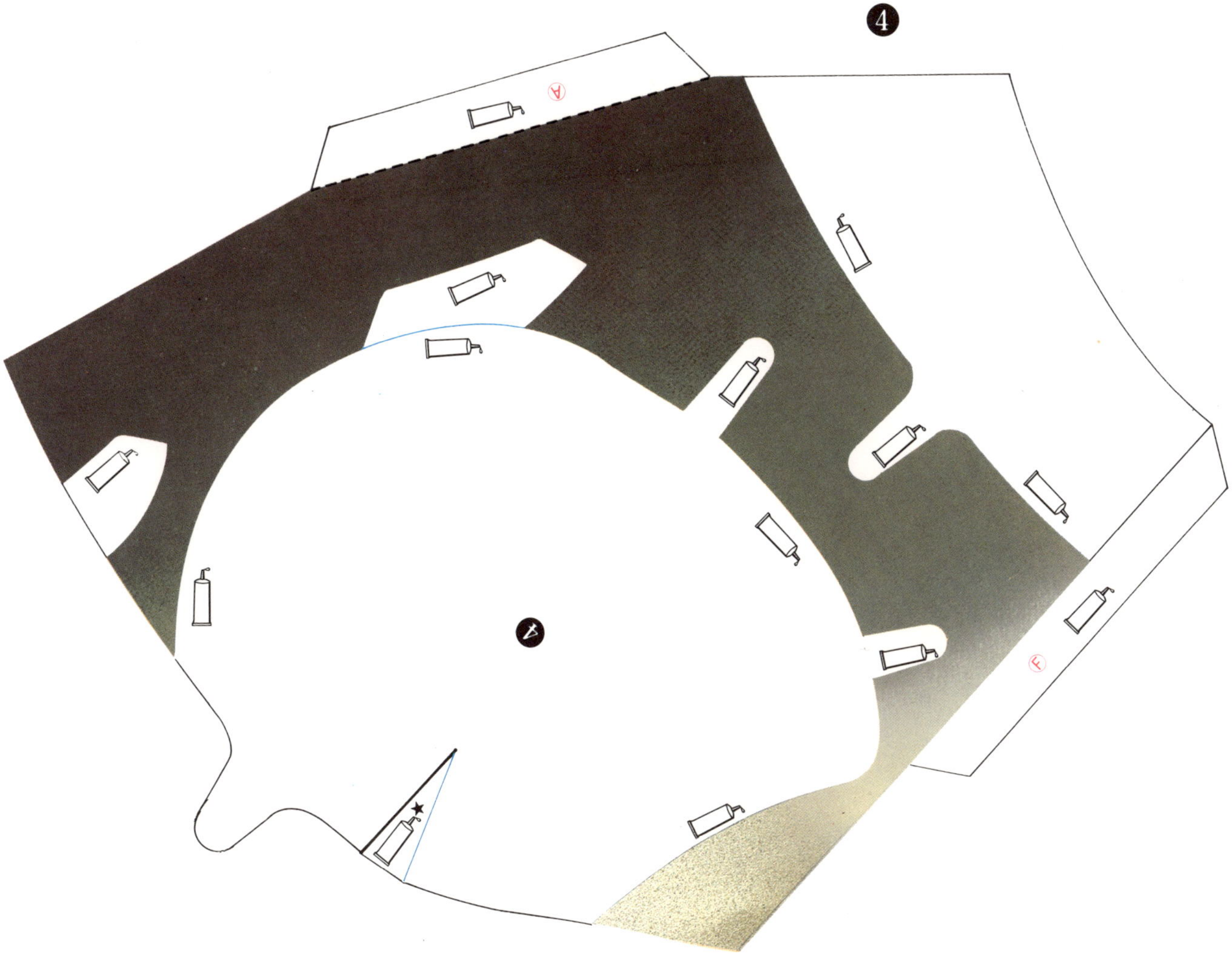

④ **Becken links**
Left half of pelvis
Partie gauche du bassin
Parte izquierda de la pelvis
Bekken links

6. Die Teile ❹ und ❺ zusammenkleben.
Reihenfolge: ABC .

Glue parts ❹ and ❺ together. Order: ABC.

Coller la pièce ❹ à la pièce ❺.
Ordre à suivre: ABC.

Pegar las piezas ❹ y ❺ en el orden ABC.

Lijm ❹ en ❺ samen in de volgorde ABC.

❺ **Becken rechts**
Right half of pelvis
Partie droite du bassin
Parte derecha de la pelvis
Bekken rechts

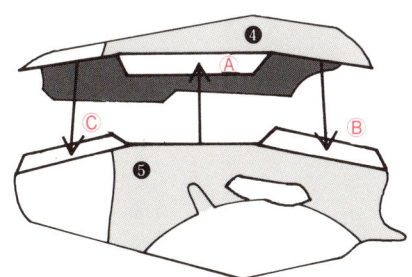

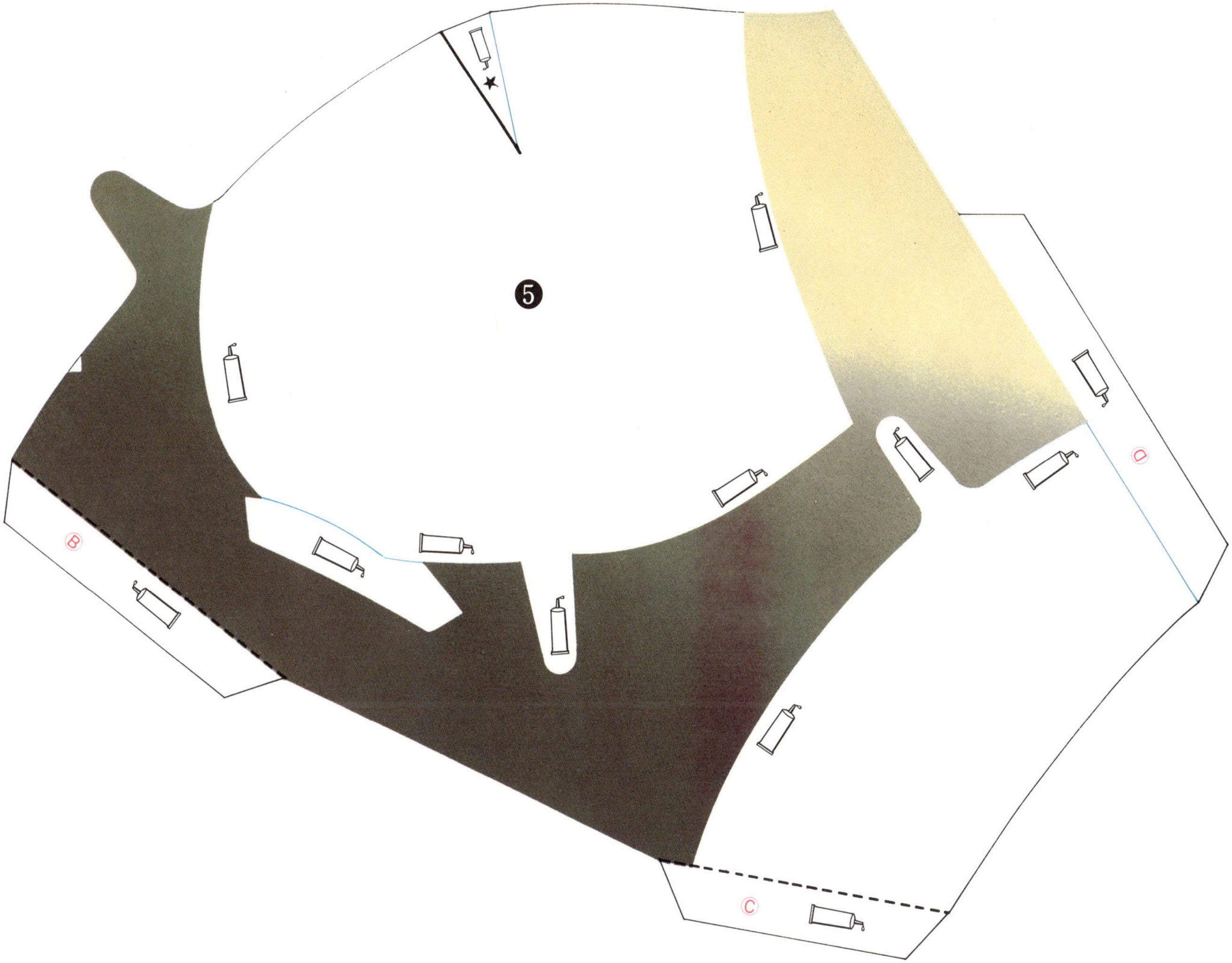

7

7. Teil ❻ ausschneiden.
Cut out part ❻.
Découper la pièce ❻.
Recortar la pieza ❻.
Knip ❻ uit.

8. Teile ❹ ❺ mit ❻ zusammenkleben.
Reihenfolge: DEFG.
Glue parts ❹ ❺ and ❻ together.
Order: DEFG.
Coller les pièces ❹ ❺ à la pièce ❻
Ordre à suivre: DEFG.
Pegar las piezas ❹ ❺ y ❻ en el orden DEFG.
Lijm ❹ ❺ en ❻ samen in de volgorde DEFG.

9. Das Becken über das Bauch- und Rückenteil schieben und festkleben. Die Linien genau aneinanderlegen und die Klebeflächen von innen andrücken.
Slip pelvis onto stomach and back, and glue in place. Match up lines and press glued surfaces firmly together.
Monter et coller le bassin sur le dos et le ventre. Faire coïncider les lignes et presser les pièces par l'intérieur.
Pegar la pelvis a las piezas del abdomen y del lomo encajando un grupo sobre el otro. Hacer que las líneas se encuentren las unas sobre las otras y oprimir por adentro las superficies pegadas.
Schuif het bekken over het buik- en rugdeel en lijm het vast. Breng de lijnen precies samen en druk van binnenuit aan.

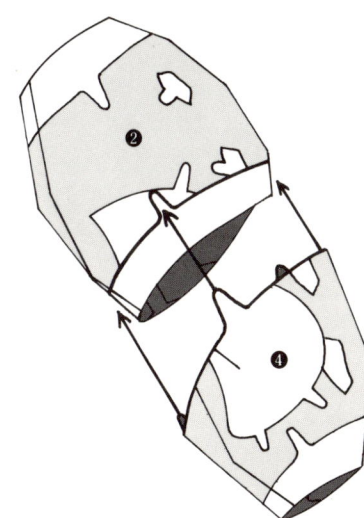

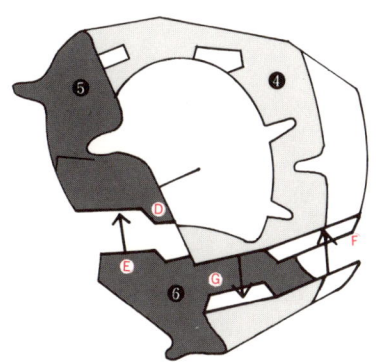

❻ **Becken unten**
Bottom of pelvis
Partie inférieure du bassin
Parte inferior de la pelvis
Bekken onder

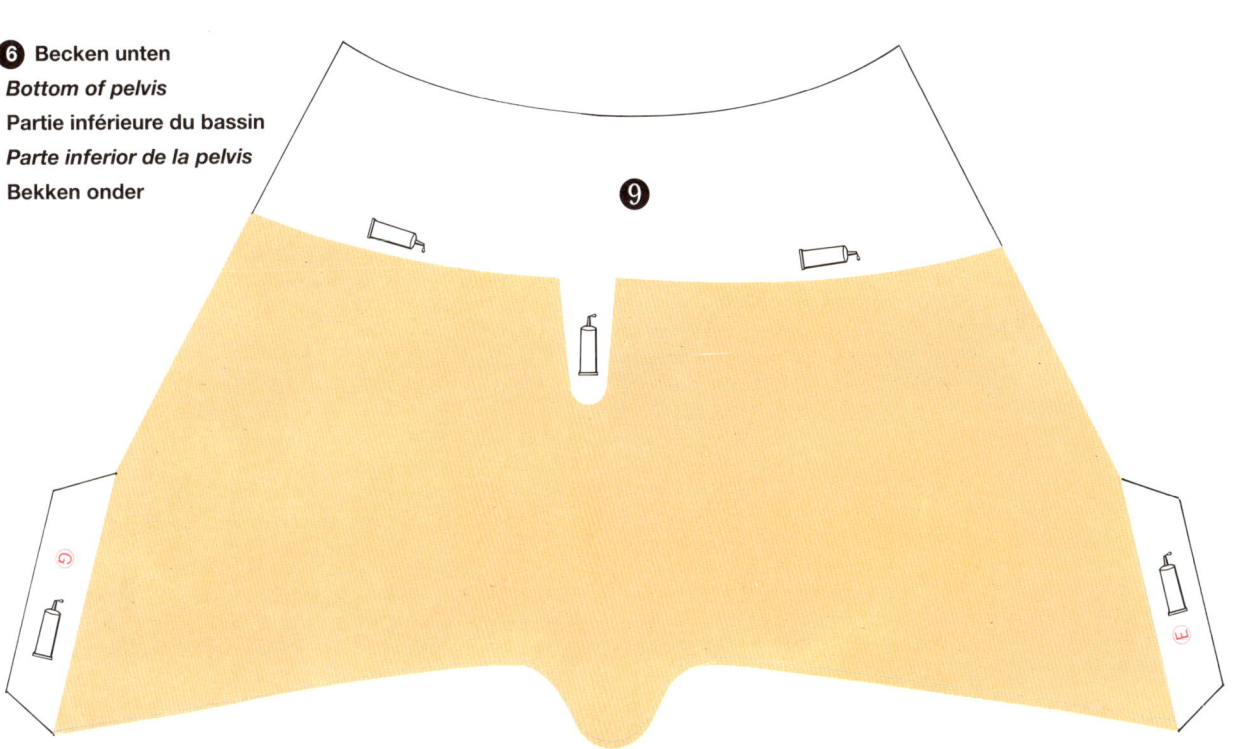

8

10. Teile ❼ und ❽ ausschneiden und entsprechend der Bastelanleitung bearbeiten.
Cut out parts ❼ ❽ and proceed as described in the instructions.
Découper les pièces ❼ et ❽ et procéder selon les instructions.
Recortar las piezas ❼ y ❽ y proceder según las instrucciones.
Knip ❼ en ❽ uit en bewerk ze volgens de aanwijzingen.

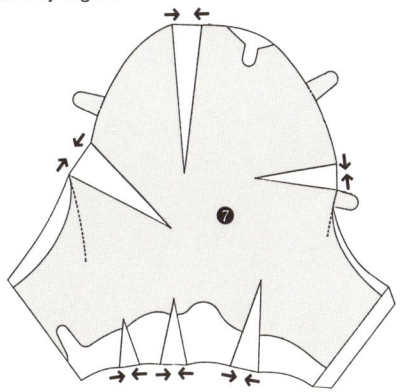

11. Einrollen und kleben.
Roll up and glue.
Enrouler et coller.
Enrollar y pegar esta pieza.
Rol op en lijm vast.

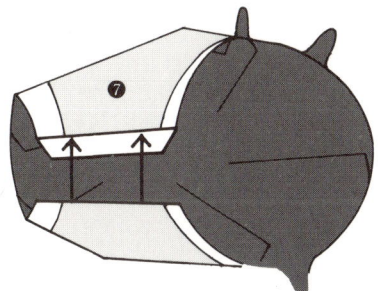

❼ **Linkes Hinterbein oben**
Top of left back leg
Partie supérieure de la patte arrière gauche
Parte superior de la pata trasera izquierda
Linker achterpoot boven

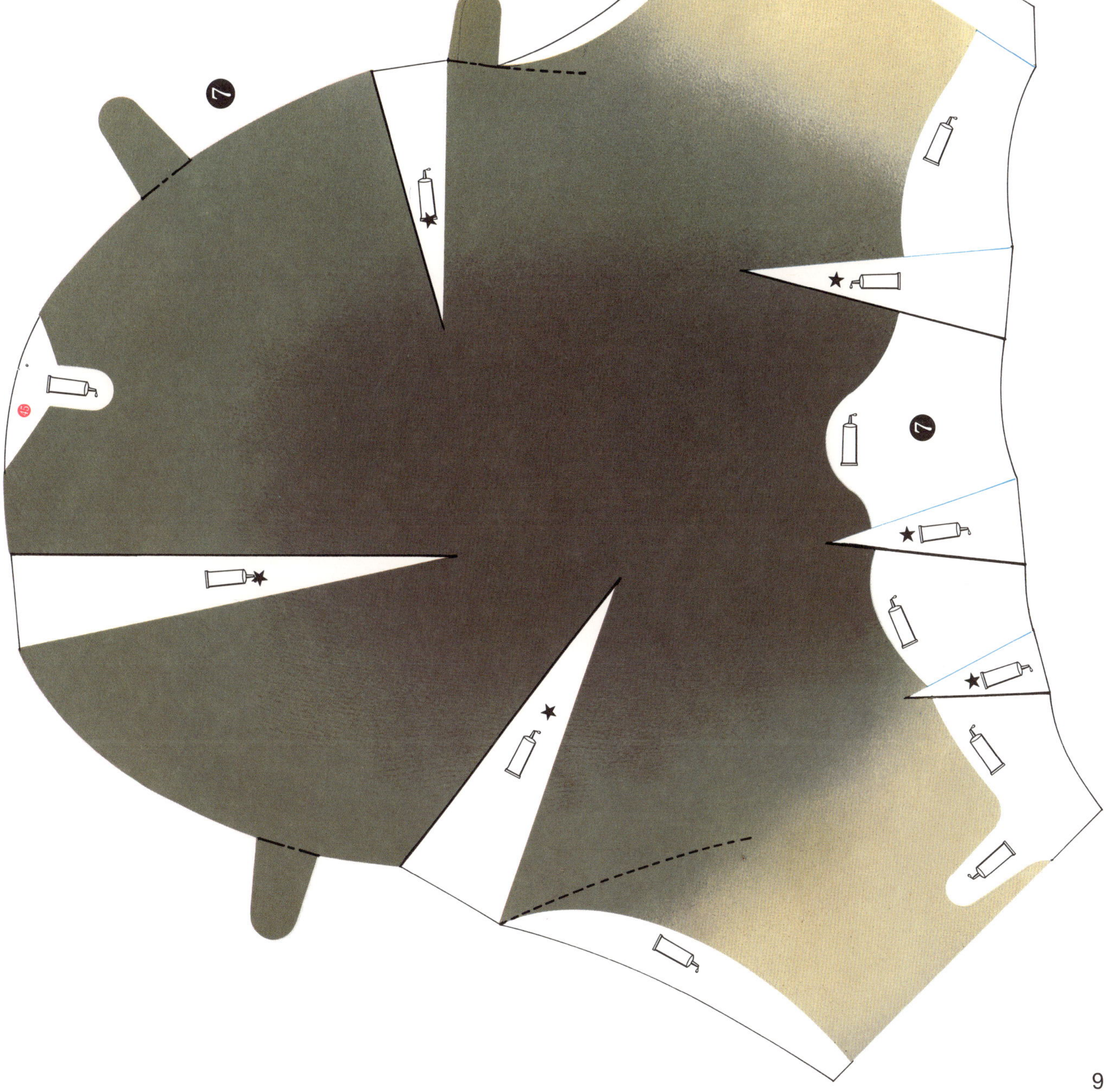

12. Linkes Oberteil links am Rumpf und rechtes Oberteil rechts am Rumpf befestigen.

Fit tops of left and right back legs onto body.

Fixer les pièces ❼ et ❽ au corps.

Fijar la parte superior de la pata trasera izquierda y la parte superior de la pata trasera derecha al tronco.

Bevestig de bovendelen van de achterpoten aan de romp.

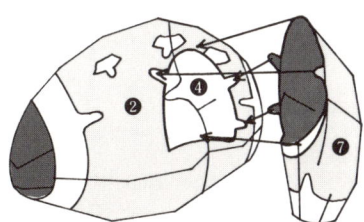

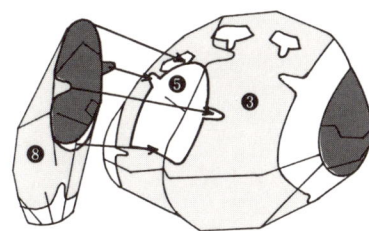

1	**Fertiger Rumpf**
	Finished body
	Corps achevé
	Tronco terminado
	Voltooide romp

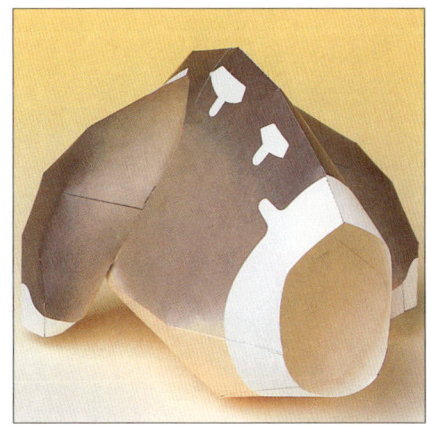

❽ **Rechtes Hinterbein oben**

Top of right back leg

Partie supérieure de la patte arrière droite

Parte superior de la pata trasera derecha

Rechter achterpoot boven

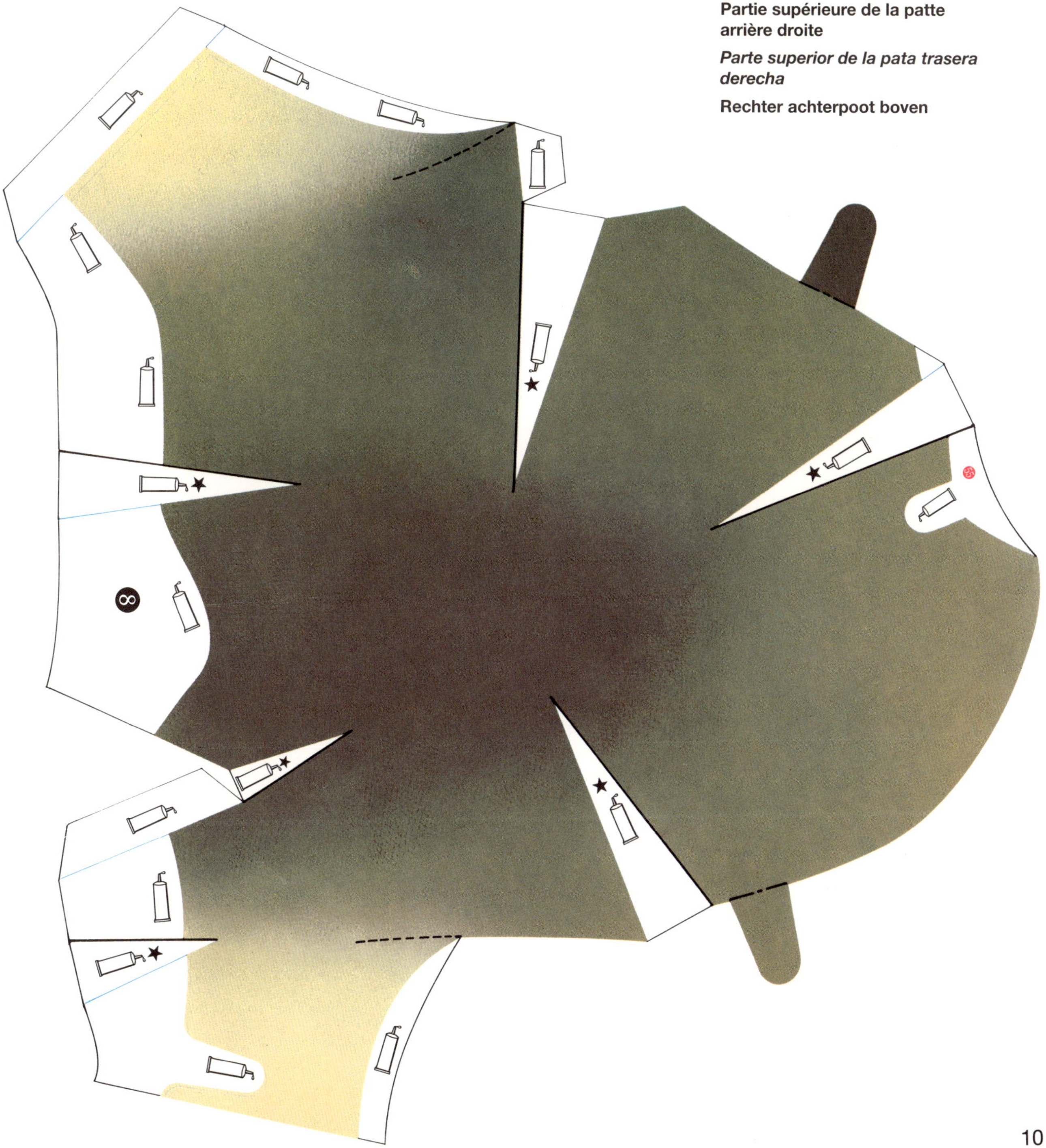

2 Brust
Breast · Poitrine · Pecho · Borst

1. Teile ❾ und ❿ ausschneiden und wie in der Bastelanleitung beschrieben bearbeiten. Die farbigen Seiten wölben sich nach außen.

Cut out parts ❾ ❿ and proceed as described in the instructions. The coloured sides bulge outwards.

Découper les pièces ❾ et ❿ et procéder comme décrit dans les instructions. Les côtés colorés sont bombés.

Recortar las piezas ❾ y ❿ y proceder según las instrucciones. Los lados coloreados se abomban hacia afuera.

Knip ❾ en ❿ uit en bewerk ze volgens de aanwijzingen. De gekleurde vlakken komen bol te staan.

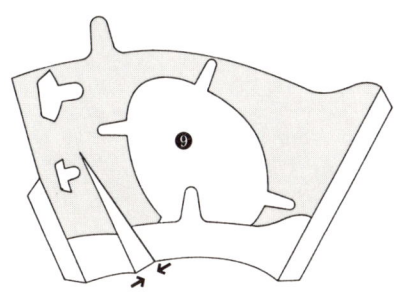

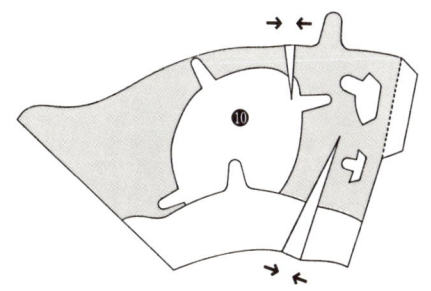

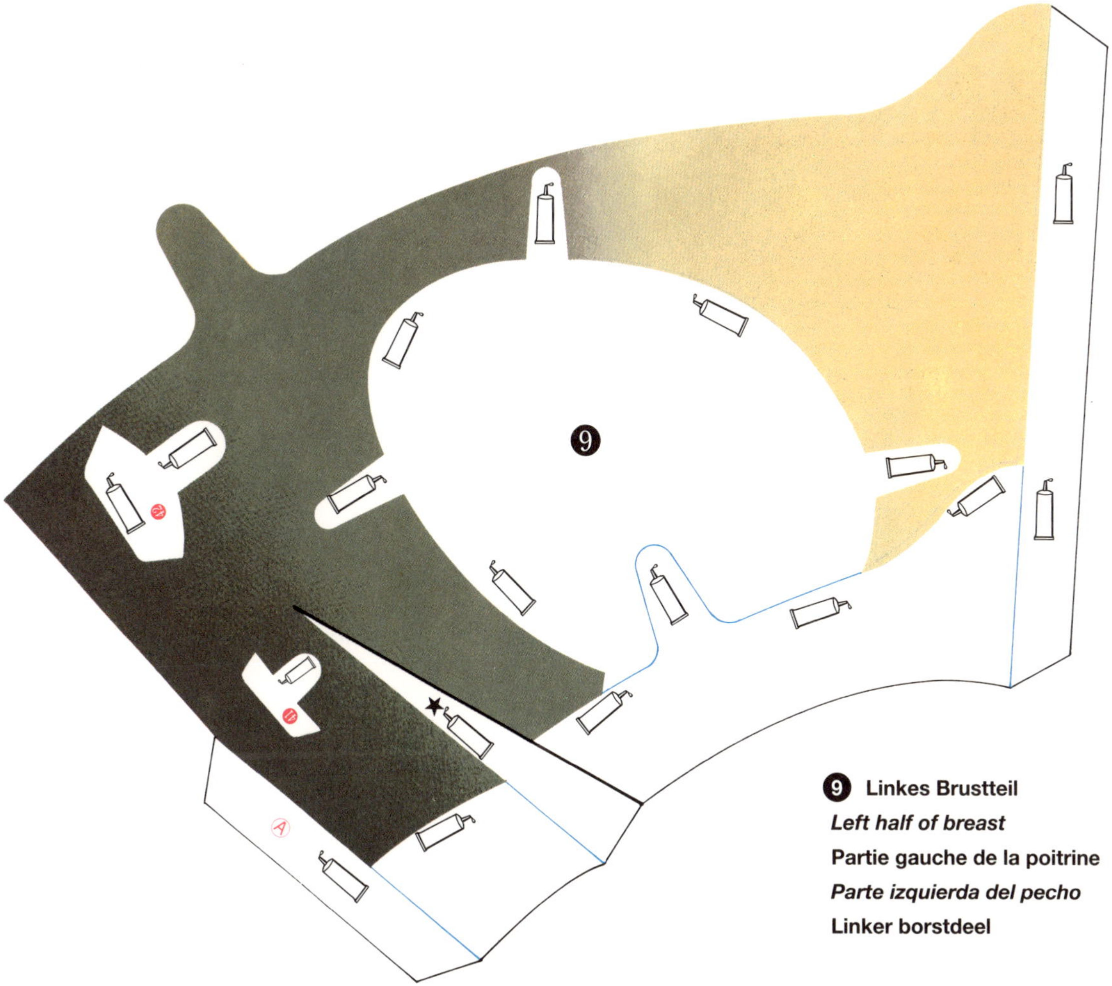

❾ Linkes Brustteil
Left half of breast
Partie gauche de la poitrine
Parte izquierda del pecho
Linker borstdeel

2. Die Teile ⑨ und ⑩ zusammenkleben.
Glue parts ⑨ and ⑩ together.
Coller la pièce ⑨ à la pièce ⑩.
Pegar las piezas ⑨ y ⑩.
Lijm ⑨ en ⑩ samen.

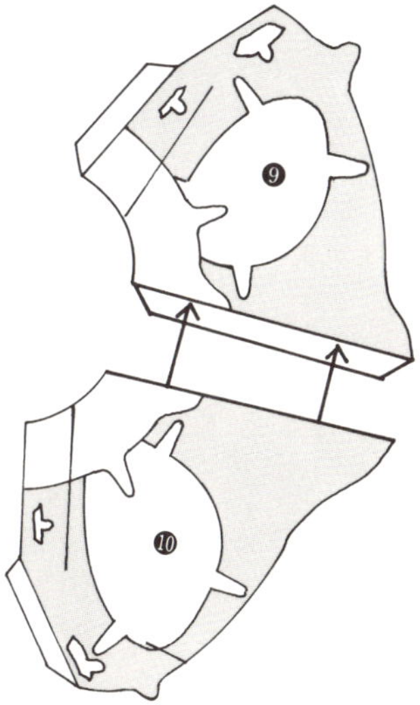

3. Einrollen und kleben. Reihenfolge: AB.
Roll up and glue. Order: AB.
Enrouler et coller. Ordre à suivre: AB.
Enrollar y pegar en el orden AB.
Rol op en lijm vast in de volgorde AB

4. Das Brustteil über den Rumpf schieben und festkleben.
Slip breast over body and glue in place.
Monter et coller la poitrine sur le corps.
Fijar y pegar la parte pectoral al tronco.
Schuif het borstdeel over de romp en lijm het vast.

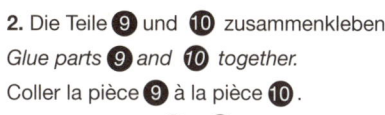
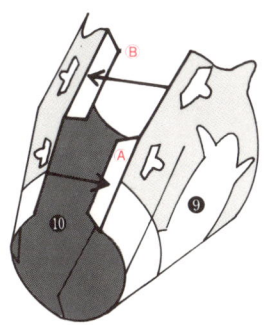

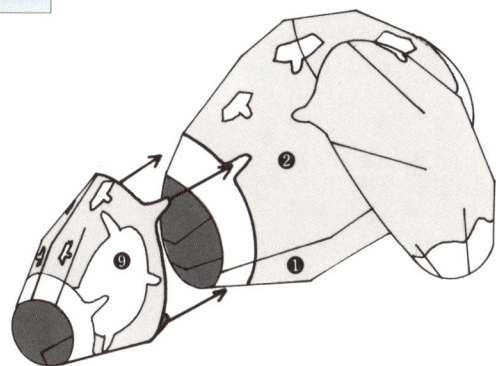
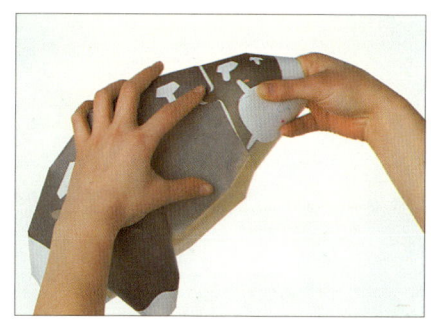
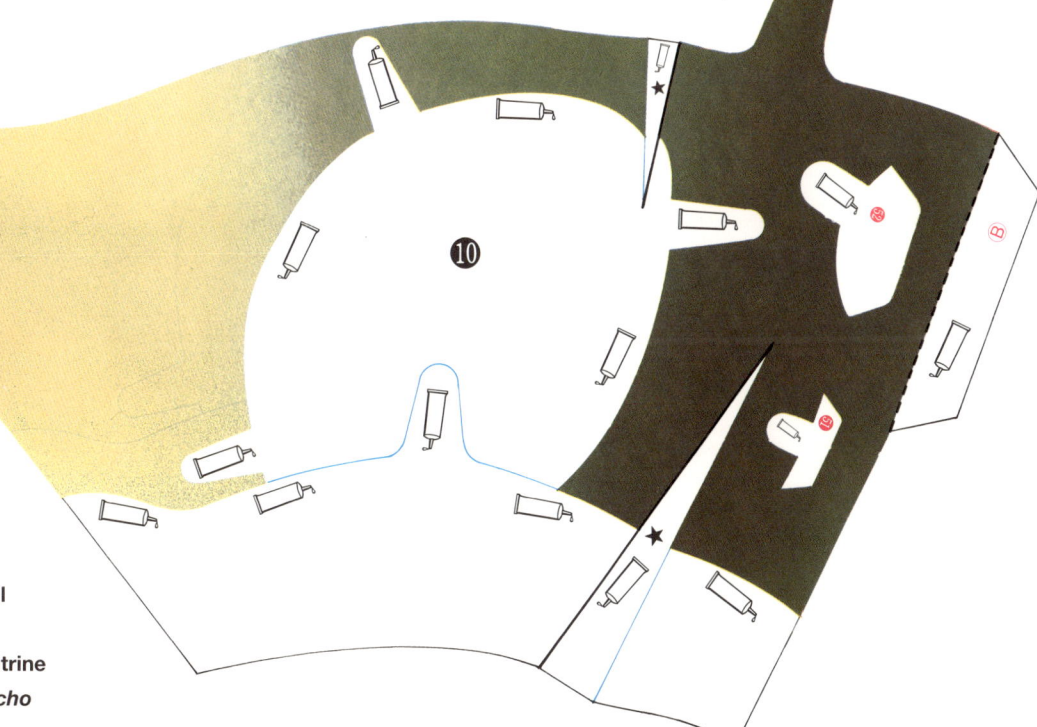

⑩ **Rechtes Brustteil**
Right half of breast
Partie droite de la poitrine
Parte derecha del pecho
Rechter borstdeel

5. Teil ⓫ ausschneiden und wie in der Bastelanleitung beschrieben bearbeiten.

Cut out part ⓫ and proceed as described in the instructions.

Découper la pièce ⓫ et procéder en suivant les instructions.

Recortar la pieza ⓫ y proceder según las instrucciones.

Knip ⓫ uit en bewerk het volgens de aanwijzingen.

7. Den Hals über das Brustteil schieben und festkleben.

Slip neck over breast and glue in place.

Monter et coller le cou sur la poitrine.

Encajar y pegar el cuello a la parte del pecho.

Schuif de nek over het borstdeel en lijm vast.

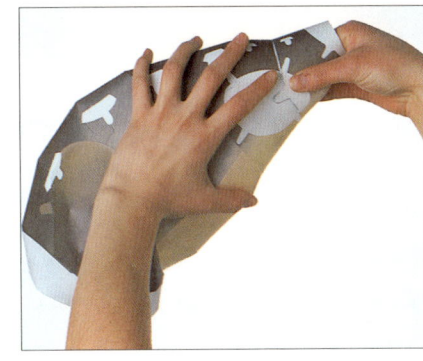

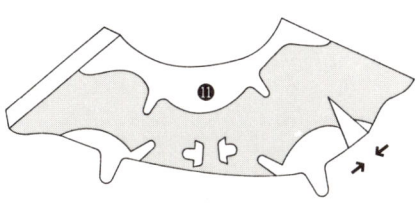

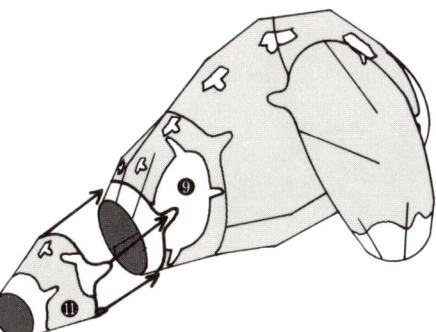

6. Einrollen und kleben.

Roll up and glue.

Enrouler et coller.

Enrollar y pegar.

Rol op en lijm vast.

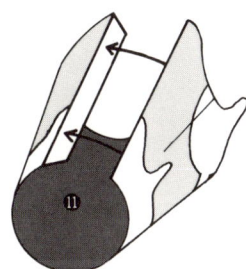

⓫ Hals · *Neck* · Cou · *Cuello* · Nek

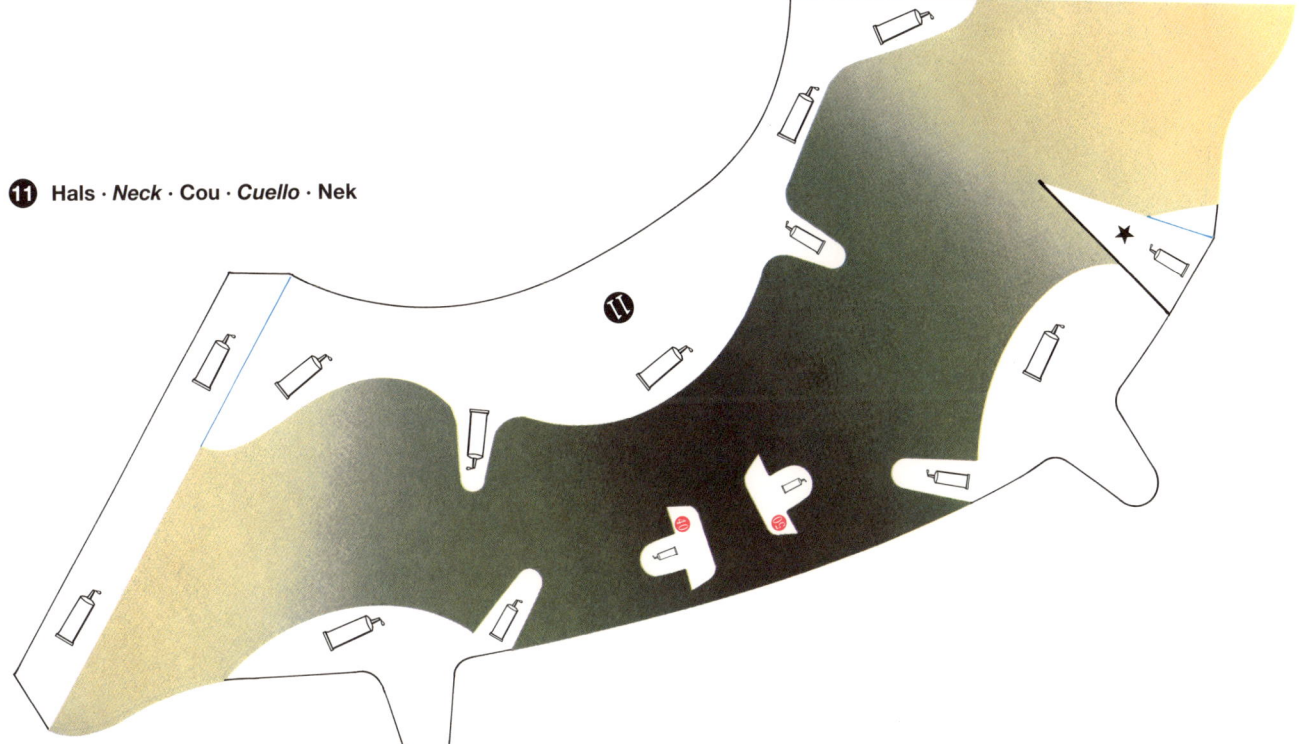

8. Teile ⓬ ⓭ ausschneiden. Die farbigen Seiten wölben sich bei der Bearbeitung nach außen.

Cut out parts ⓬ ⓭. The coloured sides bulge outwards when finished.

Découper les pièces ⓬ et ⓭. Les côtés colorés sont bombés.

Recortar las piezas ⓬ y ⓭. Los lados coloreados se abomban hacia afuera.

Knip ⓬ en ⓭ uit. De gekleurde kant komt na bewerking bol te staan.

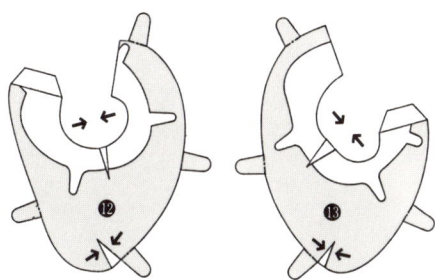

9. Einrollen und kleben.

Roll up and glue.

Enrouler et coller les pièces.

Enrollar y pegar las piezas.

Rol op en lijm vast.

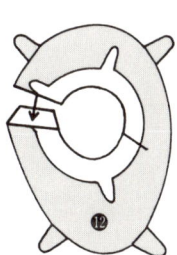 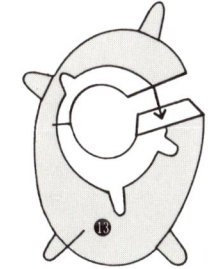

10. Rechte und linke Schulter am Brustteil befestigen.

Fix right and left shoulders onto finished breast.

Monter et coller l'épaule droite et gauche à la poitrine.

Fijar el hombro izquierdo y el derecho a la parte del pecho.

Bevestig linker en rechter schouder aan het borstdeel.

2 Das fertige Brustteil
The finished breast
La poitrine achevée
El pecho terminado
Het voltooide borstdeel

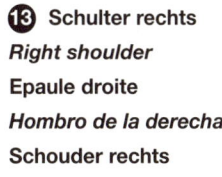

⓭ Schulter rechts
Right shoulder
Epaule droite
Hombro de la derecha
Schouder rechts

⓬ Schulter links
Left shoulder
Epaule gauche
Hombro de la izquierda
Schouder links

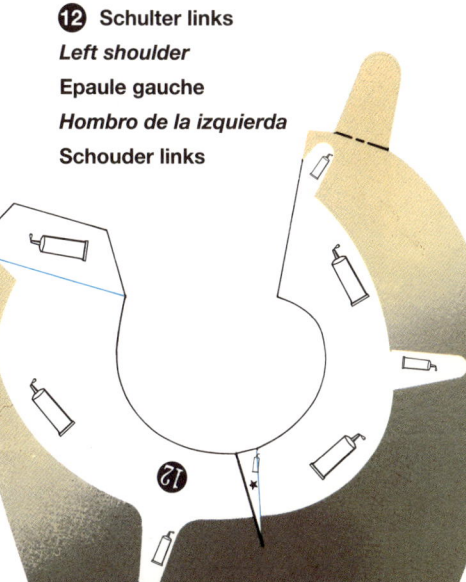
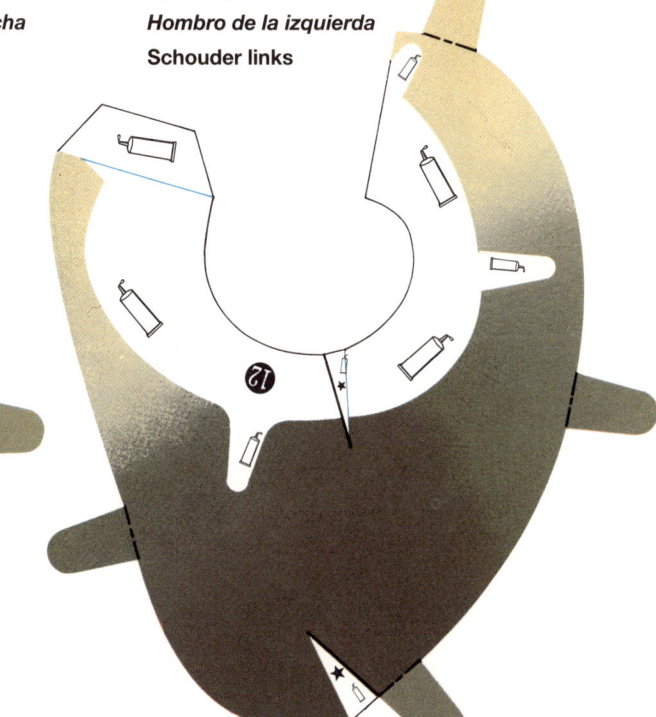

Kopf
Head · Tête · Cabeza · Kop

1. Teil ⑭ ausschneiden, bearbeiten, einrollen und kleben. Reihenfolge: AB.

Cut out part ⑭, proceed as per instructions, roll up and glue. Order: AB.

Découper la pièce ⑭ selon les instructions, enrouler et coller. Ordre à suivre: AB.

Recortar la pieza ⑭, proceder según las instrucciones, enrollar y pegar en el orden AB.

Knip ⑭ uit, bewerk het, rol op en lijm vast.

2. Teil ⑮ ausschneiden, bearbeiten und an den Kopf kleben.

Cut out part ⑮, proceed as per instructions and glue onto head.

Découper la pièce ⑮ selon les instructions et coller à la tête.

Recortar la pieza ⑮, proceder según las instrucciones y pegarla a la cabeza.

Knip ⑮ uit, bewerk het en lijm aan de kop.

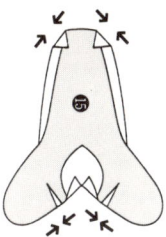
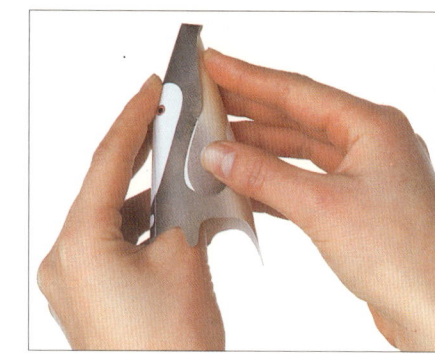
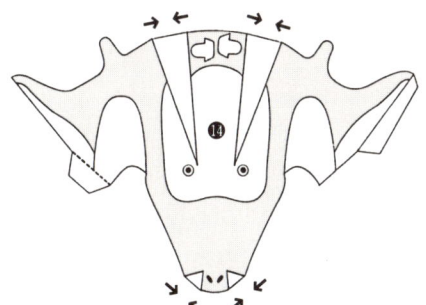
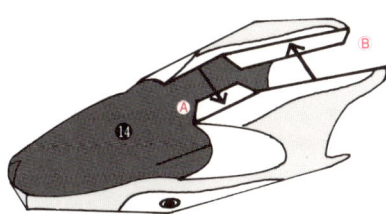
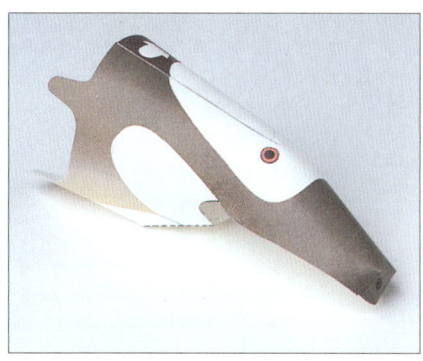
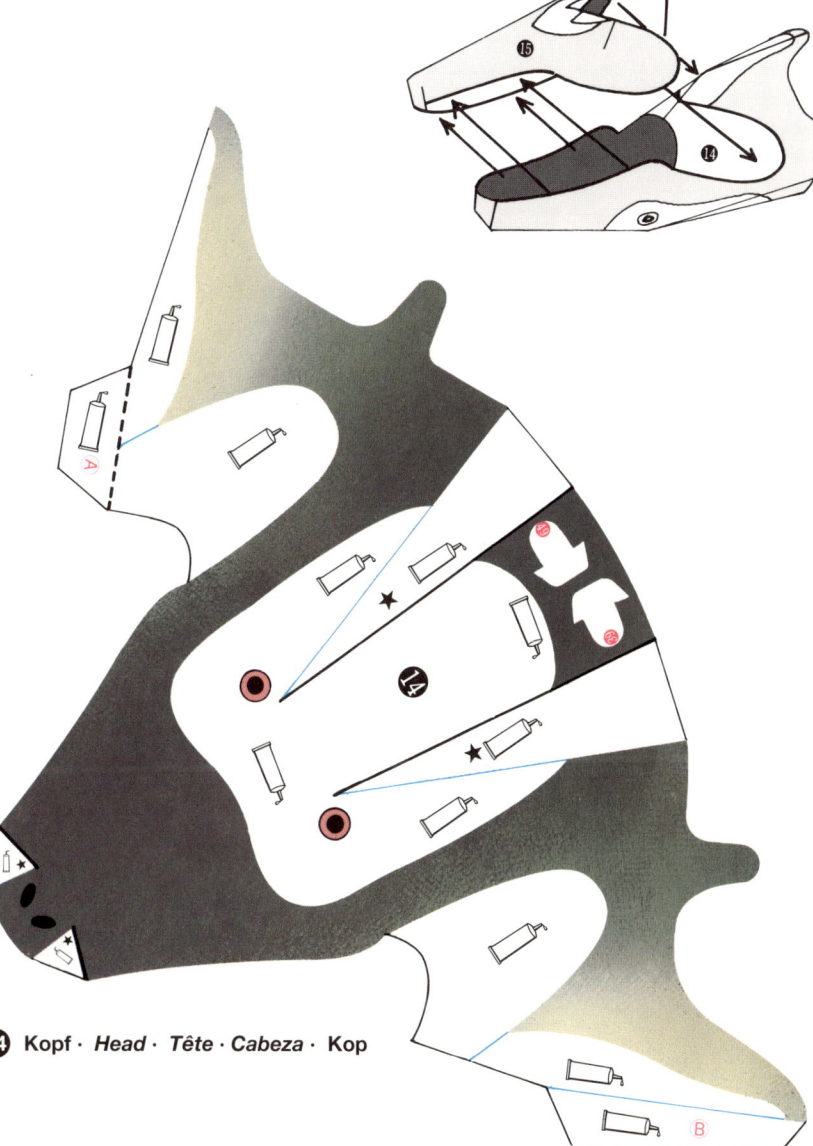

⑭ Kopf · *Head · Tête · Cabeza · Kop*

⑮ Kiefer
Jaw · Mâchoire · Mandíbula · Kaak
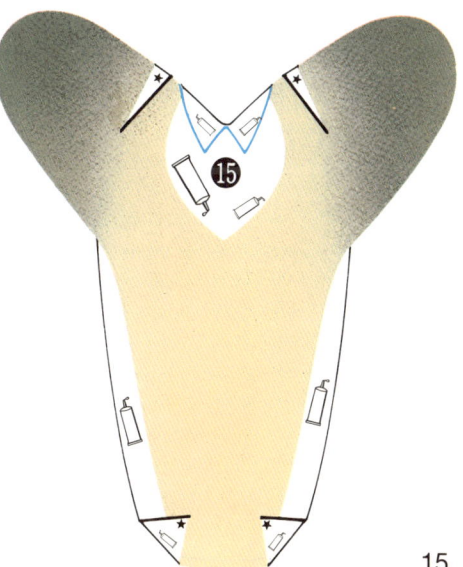

15

3. Teil ⑯ ausschneiden, gemäß Bastelanleitung bearbeiten und die gelben Teile herausschneiden, damit man später die Augen sieht.

Cut out part ⑯ and proceed as described in the instructions. Cut out the yellow parts for the eyes.

Découper la pièce ⑯ selon les instructions. Evider les parties jaunes pour les yeux.

Recortar la pieza ⑯, proceder según las instrucciones y recortar las partes amarillas para que se vean los ojos.

Knip ⑯ uit en bewerk het. Knip de gele gedeelten helemaal uit. Dit worden de ogen.

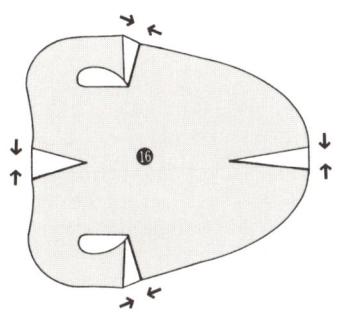

4. Teil ⑯ an das Kopfteil kleben.

Glue part ⑯ onto head.

Coller la pièce ⑯ sur la tête.

Fijar la pieza ⑯ a la cabeza.

Bevestig ⑯ aan het kopdeel.

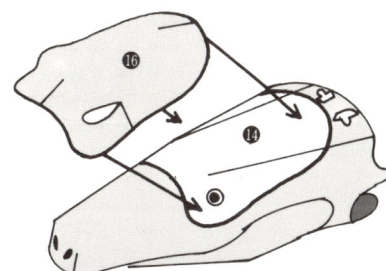

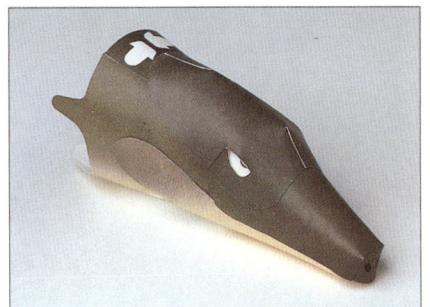

5. Teile ⑰ und ⑱ ausschneiden, bearbeiten und an das Kopfteil kleben.

Cut out parts ⑰ ⑱, proceed as per instructions and glue onto head.

Découper les pièces ⑰ et ⑱ selon les instructions et coller à la tête.

Recortar las piezas ⑰ y ⑱, proceder según las instrucciones y pegarlas a la cabeza.

Knip ⑰ en ⑱ uit, bewerk ze en lijm ze aan het kopdeel.

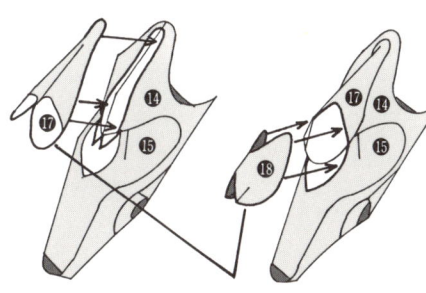

⑰ **Kehle hinten**
Back of throat
Gorge arrière
Parte trasera de la garganta
Keel achter

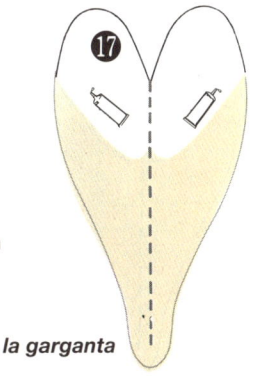

6. Den Kopf über den Hals schieben und festkleben.

Slip head onto neck and glue in place.

Monter et coller la tête sur le cou.

Encajar la cabeza sobre el cuello y pegarla.

Schuif de kop over de nek en lijm vast.

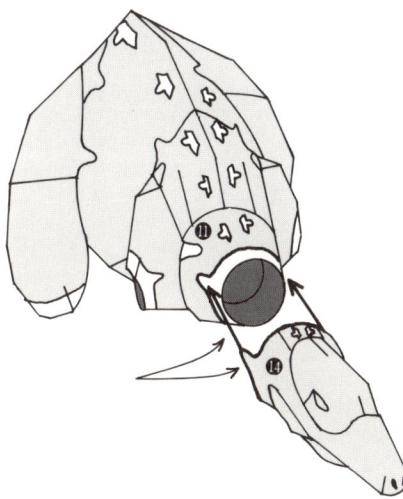

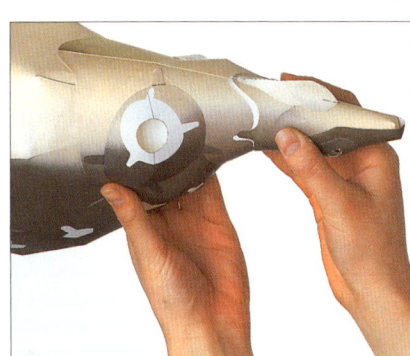

⑱ **Kehle vorn**
Front of throat
Gorge avant
Parte delantera de la garganta
Keel voor

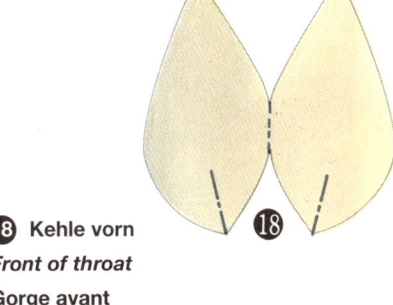

3 Der fertige Kopf
The finished head
La tête achevée
La cabeza terminada
De voltooide kop

⑯ **Stirn**
Forehead · Front · Frente · Voorhoofd

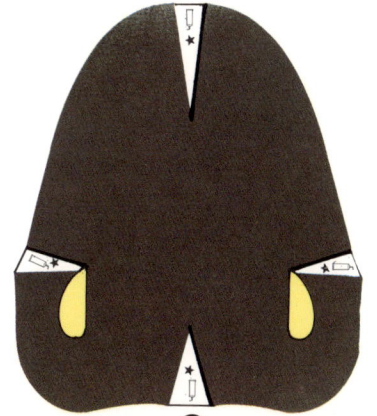

Beine
Legs · Pattes · Patas · Poten

1. Teile ⑲ und ⑳ ausschneiden und gemäß Bastelanleitung bearbeiten. Die farbigen Seiten wölben sich nach außen.

Cut out parts ⑲ ⑳ and proceed as described in the instructions. The coloured sides bulge outwards.

Découper les pièces ⑲ et ⑳ et procéder suivant les instructions. Les côtés colorés sont bombés.

Recortar las piezas ⑲ y ⑳ y proceder según las instrucciones. Los lados coloreados se abomban hacia afuera.

Knip ⑲ en ⑳ uit en bewerk ze volgens de aanwijzingen. De gekleurde kant komt bol te staan.

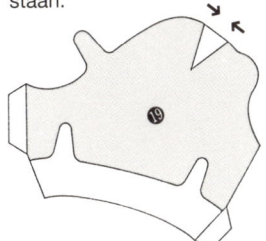 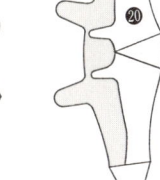

2. Einrollen und kleben.
Roll up and glue.
Enrouler et coller.
Enrollar y pegar las piezas.
Rol op en lijm vast.

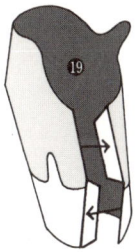 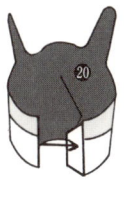

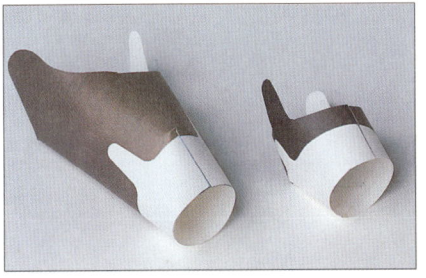

3. Teil ⑳ an Teil ⑲ kleben.
Glue part ⑳ to part ⑲.
Coller la pièce ⑳ sur la pièce ⑲.
Pegar la pieza ⑳ a la pieza ⑲.
Lijm ⑳ aan ⑲.

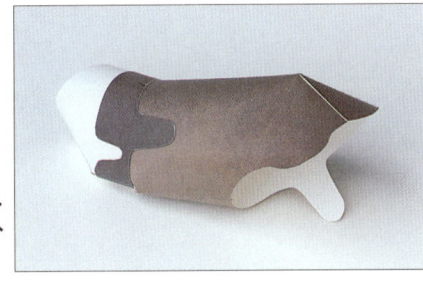

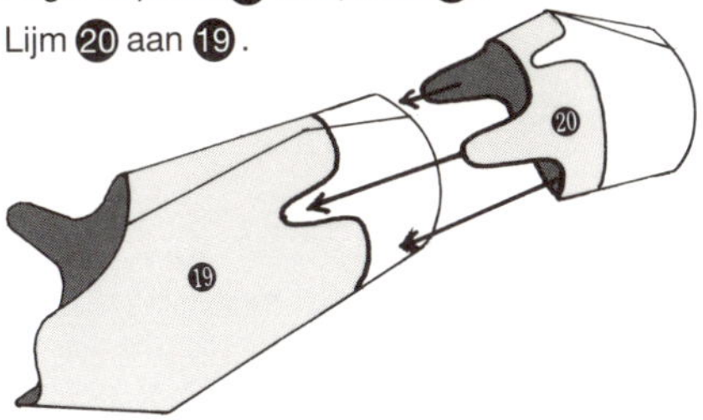

4. Das Teil über das Oberteil des linken Hinterbeines schieben und festkleben.

Slip the part onto top of left back leg and glue in place.

Monter et coller la pièce sur la partie supérieure de la patte arrière gauche.

Encajar la pieza a la parte superior de la pata trasera izquierda y pegarla.

Schuif het deel over het bovendeel van de linker achterpoot en lijm het vast.

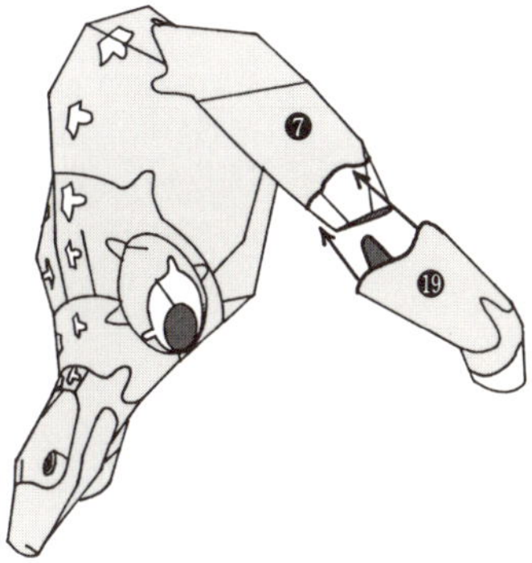

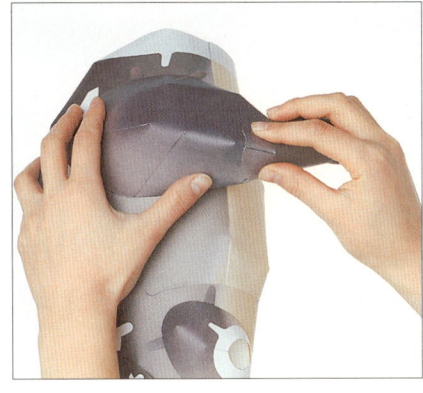

⑲ **Linkes Hinterbein Mitte**
Middle of left back leg
Partie centrale de la patte arrière gauche
Parte central de la pata trasera izquierda
Linker achterpoot midden

⑳ **Linkes Hinterbein unten**
Bottom of left back leg
Partie inférieure de la patte arrière gauche
Parte inferior de la pata trasera izquierda
Linker achterpoot onder

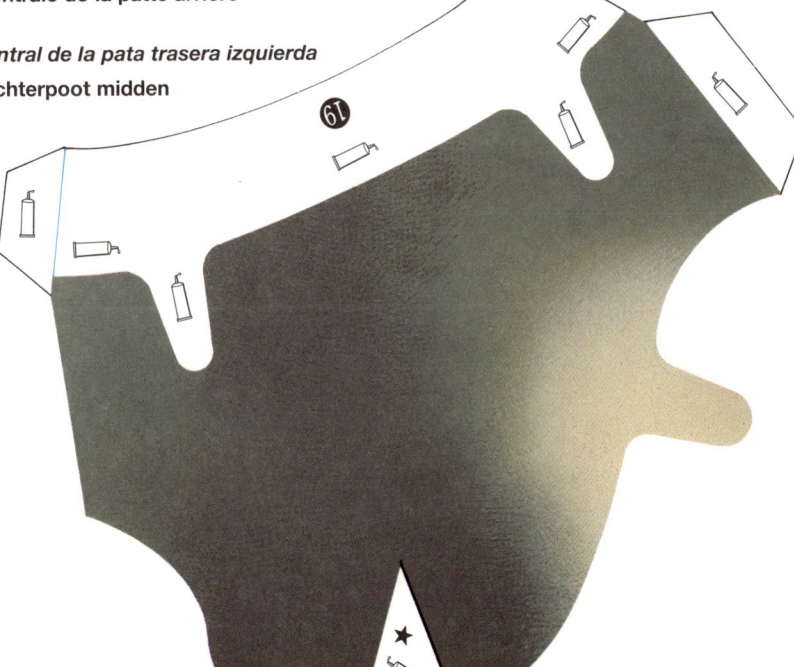

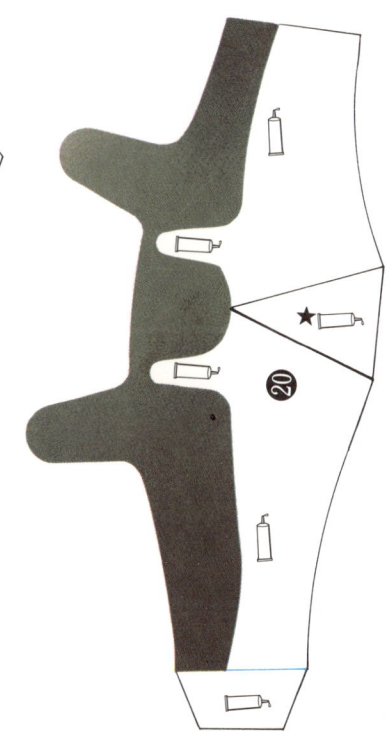

17

5. Teile ㉑ und ㉒ ausschneiden und wie die Teile ⑲ und ⑳ bearbeiten.

Cut out parts ㉑ ㉒ and proceed as for parts ⑲ ⑳.

Découper les pièces ㉑ et ㉒ et procéder comme pour les pièces ⑲ et ⑳.

Recortar las piezas ㉑ y ㉒ y proceder como con las piezas ⑲ y ⑳.

Knip ㉑ en ㉒ uit en bewerk zoals de delen ⑲ en ⑳.

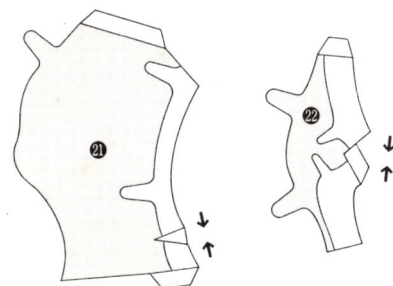

6. Einrollen und kleben · *Roll up and glue*

Enrouler et coller · Enrollar y pegar

Rol op en lijm vast

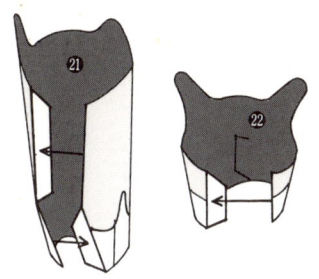

7. Teil ㉒ über Teil ㉑ schieben und zusammenkleben.

Slide part ㉒ over part ㉑ and glue together.

Monter et coller la pièce ㉒ sur la pièce ㉑.

Encajar y pegar la pieza ㉒ en la pieza ㉑.

Schuif ㉒ over ㉑ en lijm vast.

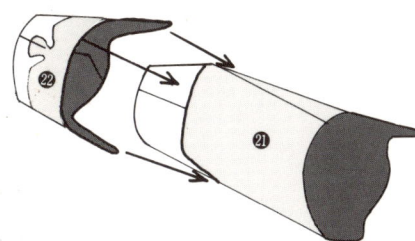

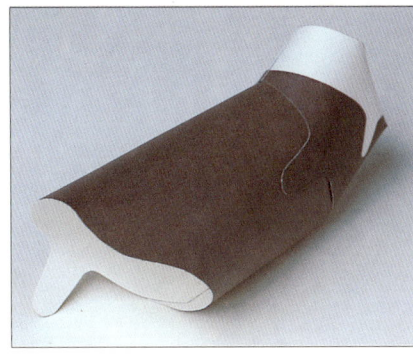

8. Das Teil über das Oberteil des rechten Hinterbeines schieben und festkleben.

Slip part over top of right back leg and glue in place.

Coller la pièce sur la partie supérieure de la patte arrière droite.

Encajar la pieza en la parte superior de la pata trasera derecha y pegarla.

Schuif het deel over het bovendeel van de rechter achterpoot en lijm het vast.

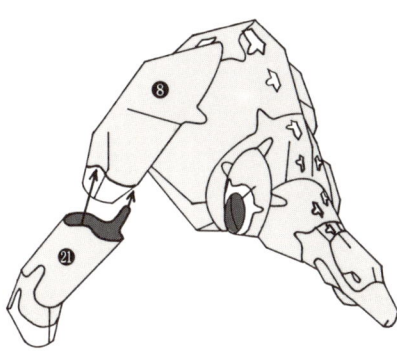

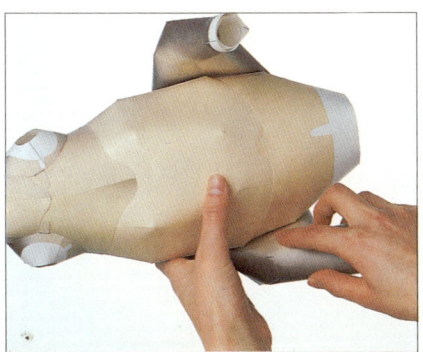

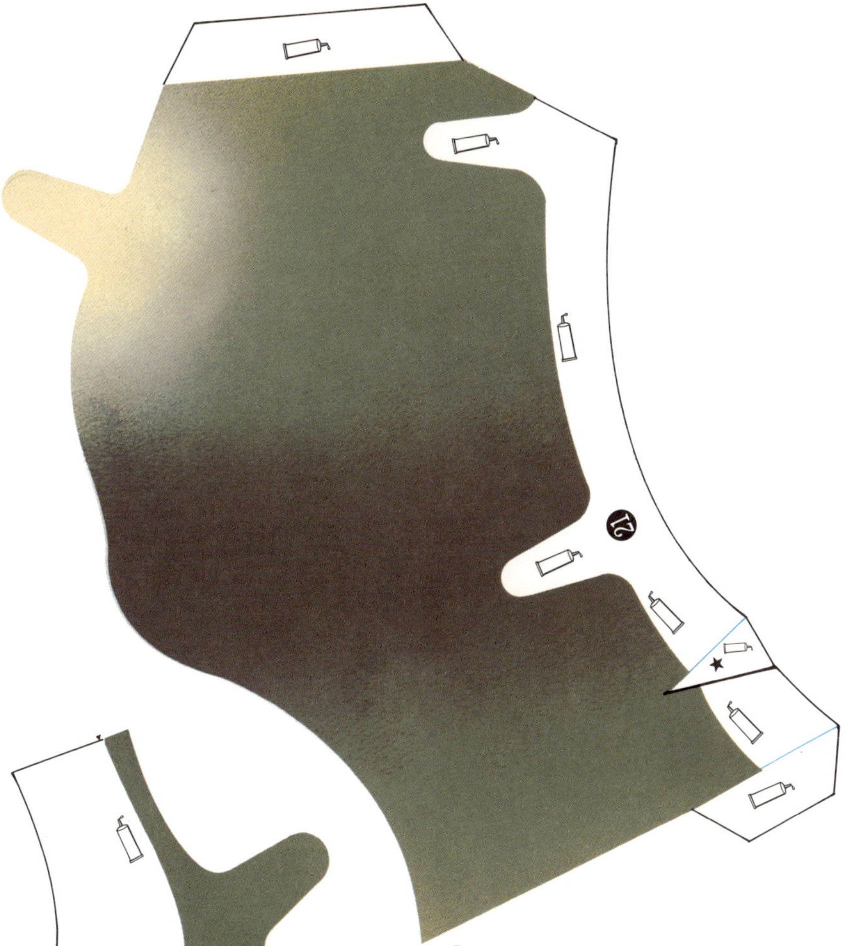

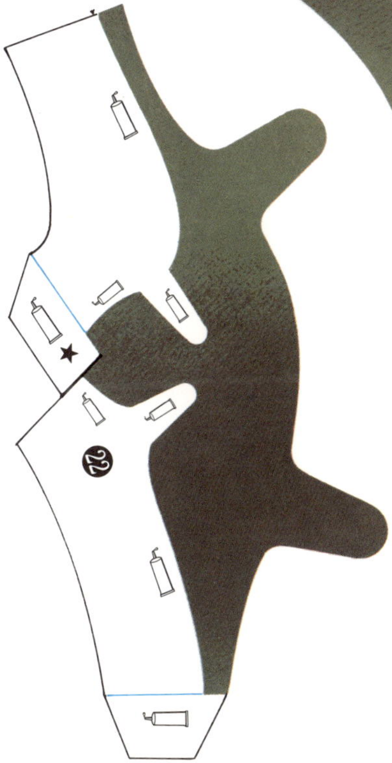

㉑ Rechtes Hinterbein Mitte

Middle of right back leg

Partie centrale de la patte arrière droite

Parte central de la pata trasera derecha

Rechter achterpoot midden

㉒ Rechtes Hinterbein unten

Bottom of right back leg

Partie inférieure de la patte arrière droite

Parte inferior de la pata trasera derecha

Rechter achterpoot onder

9. Teile ㉓ und ㉔ ausschneiden und gemäß der Bastelanleitung bearbeiten.

Cut out parts ㉓ ㉔ and proceed as described in the instructions.

Découper les pièces ㉓ et ㉔ et procéder selon les instructions.

Recortar las piezas ㉓ y ㉔ y proceder según las instrucciones.

Knip ㉓ en ㉔ uit en bewerk ze volgens de aanwijzingen.

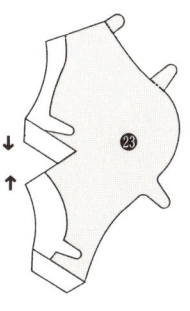 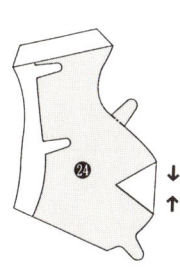

11. Teil ㉔ über Teil ㉓ schieben und festkleben.

Slip part ㉔ over part ㉓ and glue together.

Monter et coller la pièce ㉔ sur la pièce ㉓.

Encajar la pieza ㉔ en la pieza ㉓ y pegarlas.

Schuif ㉔ over ㉓ en lijm vast.

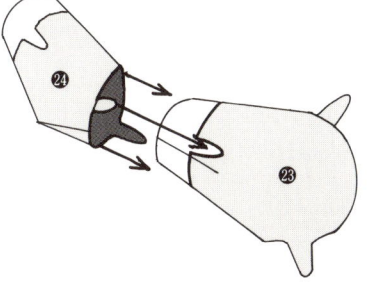

12. Das linke Vorderbein über das linke Schulterteil schieben und festkleben.

Slip left front leg over left shoulder and glue in place.

Monter et coller la patte avant gauche sur l'épaule.

Encajar la pata delantera izquierda a la parte del hombro y pegarla.

Schuif de linker voorpoot over het linker schoudergedeelte en lijm vast.

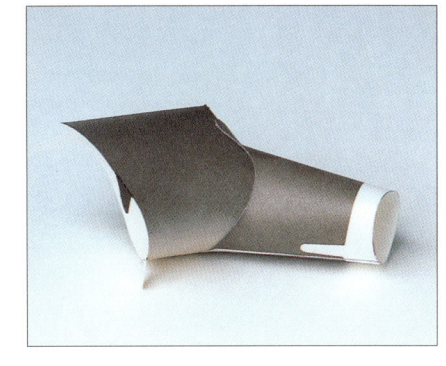

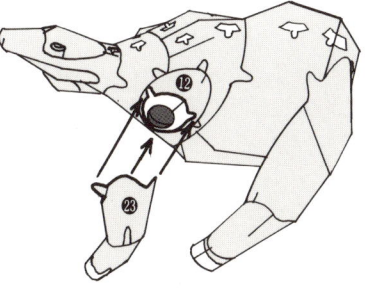

10. Einrollen und kleben.

Roll up and glue.

Enrouler et coller.

Enrollar y pegar las piezas.

Rol op en lijm vast.

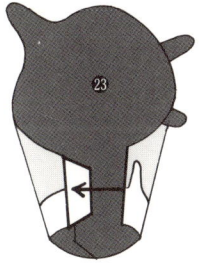 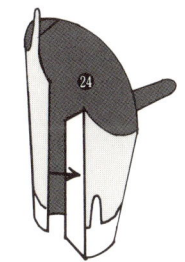

㉓ **Linkes Vorderbein oben**
Top of left front leg
Partie supérieure de la patte avant gauche
Parte superior de la pata delantera izquierda
Linker voorpoot boven

㉔ **Linkes Vorderbein unten**
Bottom of left front leg
Partie inférieure de la patte avant gauche
Parte inferior de la pata delantera izquierda
Linker voorpoot onder

13. Teile ㉕ und ㉖ ausschneiden und wie Teile ㉓ und ㉔ bearbeiten.

Cut out parts ㉕ ㉖ and proceed as for parts ㉓ ㉔.

Découper les pièces ㉕ et ㉖ et procéder comme pour les pièces ㉓ et ㉔.

Recortar las piezas ㉕ y ㉖ y proceder como con las piezas ㉓ y ㉔.

Knip ㉕ en ㉖ uit en bewerk ze zoals ㉓ en ㉔.

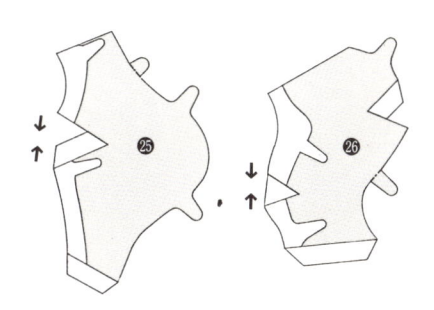

14. Einrollen und kleben.

Roll up and glue.

Enrouler et coller.

Enrollar y pegar las piezas.

Rol op en lijm vast.

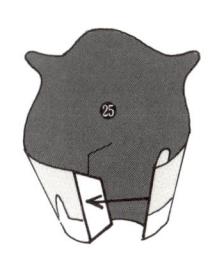

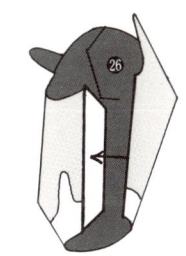

15. Teil ㉖ über Teil ㉕ schieben und zusammenkleben.

Slip part ㉖ over part ㉕ and glue together.

Monter et coller la pièce ㉖ sur la pièce ㉕.

Encajar y pegar la pieza ㉖ en la pieza ㉕.

Schuif ㉖ over ㉕ en lijm vast.

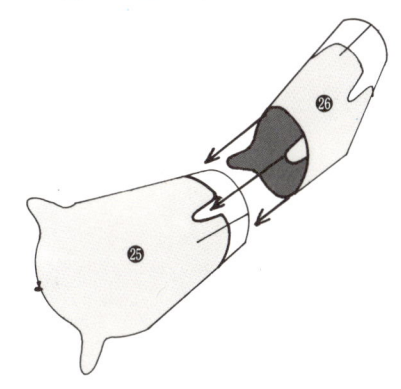

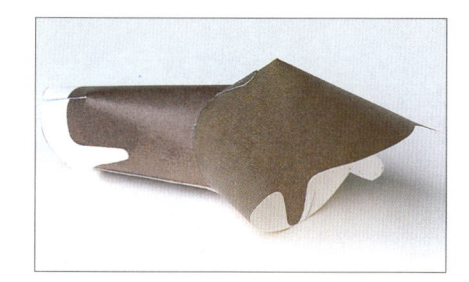

16. Das rechte Vorderbein am rechten Schulterteil festkleben.

Fix right front leg to right shoulder.

Monter et coller la patte avant droite sur l'épaule.

Fijar la pata delantera derecha a la parte del hombro derecho.

Lijm de rechter voorpoot aan het rechter schoudergedeelte.

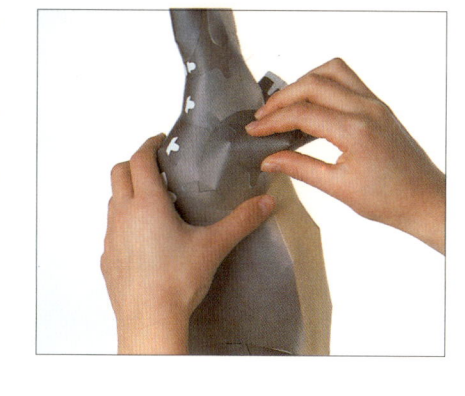

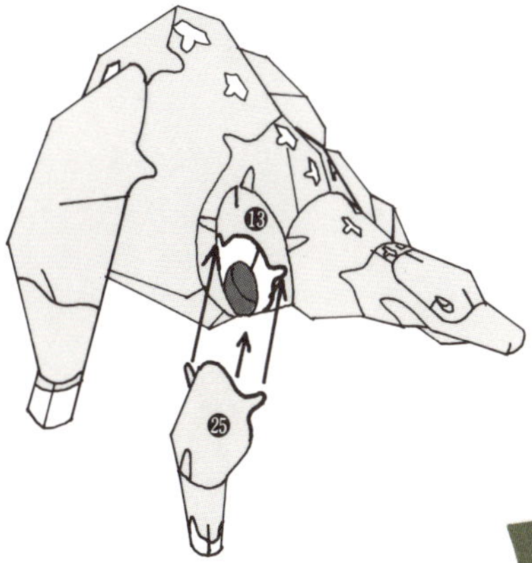

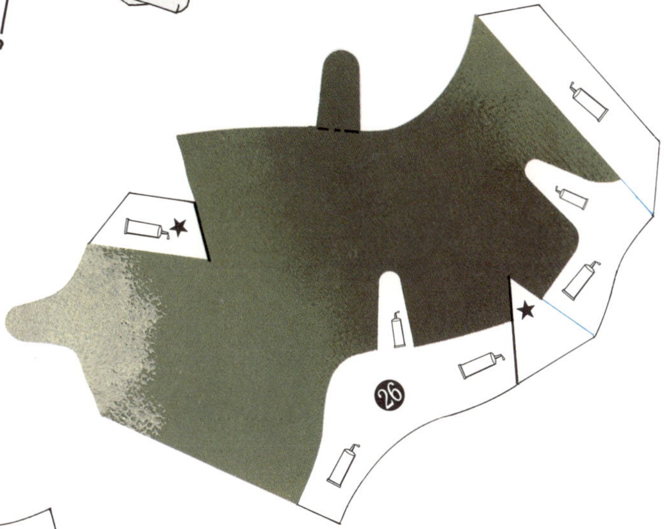

㉕ **Rechtes Vorderbein oben**

Top of right front leg

Partie supérieure de la patte avant droite

Parte superior de la pata delantera derecha

Rechter voorpoot boven

㉖ **Rechtes Vorderbein unten**

Bottom of right front leg

Partie inférieure de la patte de devant droite

Parte inferior de la pata delantera derecha

Rechter voorpoot onder

20

17. Teile 27 und 28 ausschneiden und gemäß der Bastelanleitung bearbeiten.

Cut out parts 27 28 and proceed as described in the instructions.

Découper les pièces 27 et 28 et procéder comme décrit dans les instructions.

Recortar las piezas 27 y 28 y proceder según las instrucciones.

Knip 27 en 28 uit en bewerk volgens de aanwijzingen.

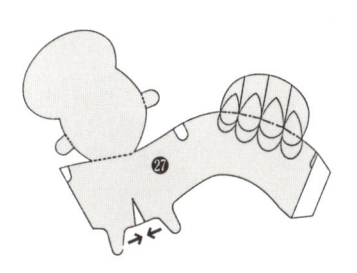

18. Teile 27 und 28 zusammenrollen und kleben.

Roll up parts 27 and 28 together and glue.

Enrouler et coller les pièces 27 et 28.

Enrollar y pegar las piezas 27 y 28.

Rol 27 en 28 op en lijm vast.

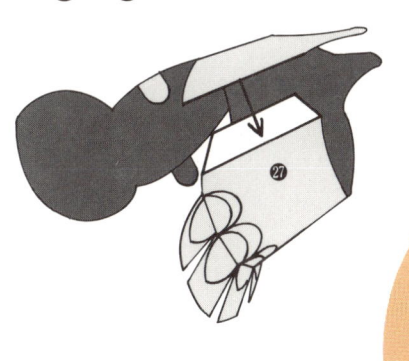

19. Die Laschen A und B an den Fuß kleben.

Glue tabs A and B to foot.

Coller les languettes A et B au pied.

Pegar las lengüetas A y B a la zarpa.

Lijm de lipjes A en B aan de klauw.

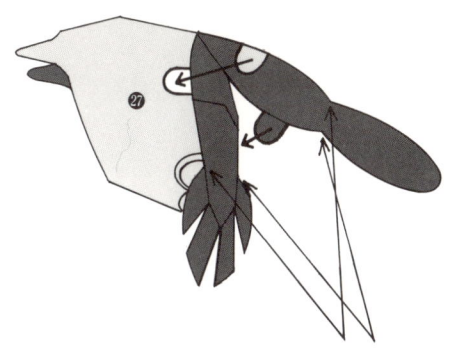

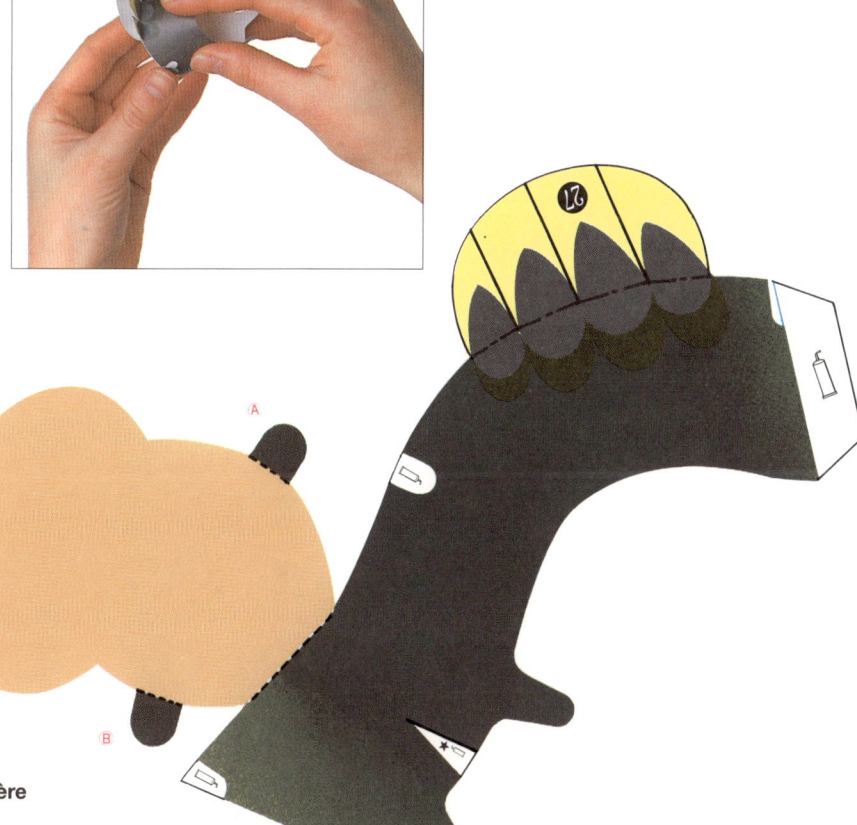

20. Die Krallen auf die Unterseite des Fußes kleben. Die Fußsohle wird flach.

Glue claws onto underside of foot. The sole of the foot must be flat.

Coller les griffes sur la plante du pied. Celle-ci doit être plane.

Pegar la pieza con las uñas al lado inferior de la zarpa de manera que la planta del pie sea plana.

Lijm de nagels tegen de achterkant van de klauw, zodat de zool vlak wordt.

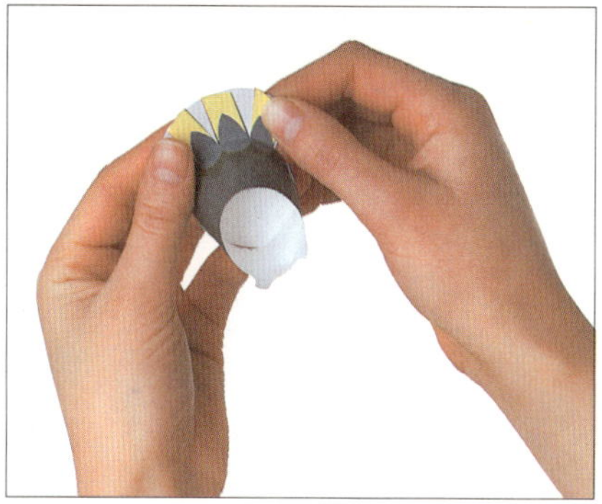

21. Die gelben Teile um die Krallen herum wegschneiden.

Cut away yellow parts from around claws.

Découper les parties jaunes autour des griffes.

Recortar las partes amarillas alrededor de las uñas.

Knip de gele gedeelten rondom de nagels weg.

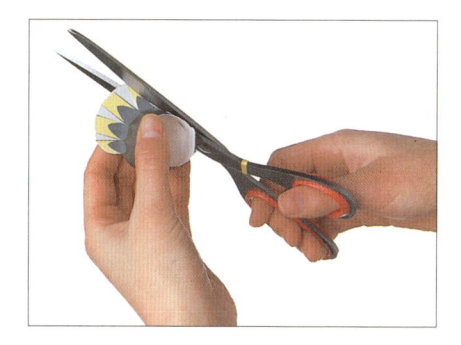

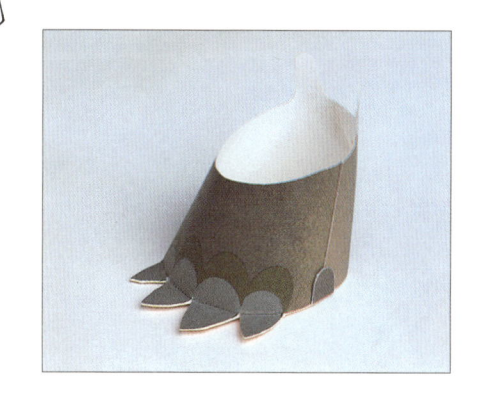

27 Linker Hinterfuß
Left back foot
Pied gauche de la patte arrière
Zarpa trasera izquierda
Linker klauw achter

21

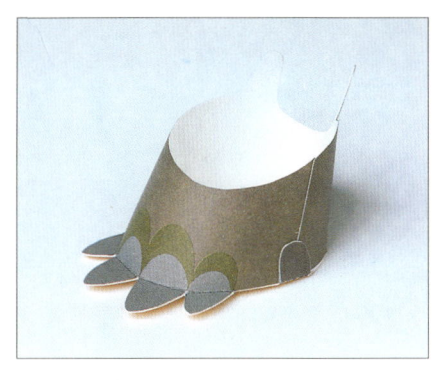

22. Teile ㉙ ㉚ ausschneiden. Wie bei den Hinterbeinen vorgehen.

Cut out parts ㉙ ㉚ and proceed as for back legs.

Découper les pièces ㉙ et ㉚ et procéder comme pour les pattes arrière.

Recortar las piezas ㉙ y ㉚ y proceder como con las patas traseras.

Knip ㉙ en ㉚ uit en monteer op dezelfde manier als de achterpoten.

23. Alle vier Füße auf gleiche Weise an den Beinen befestigen, so daß sie alle den Untergrund berühren.

Fix all four feet onto legs so that all legs touch the tabletop.

Fixer les quatre pieds sur les pattes en faisant attention que toutes les pattes touchent par terre.

Fijar las zarpas a las patas de manera que todas las patas tengan contacto con el suelo.

Bevestig alle klauwen op dezelfde manier aan de poten. Let erop dat alle poten de ondergrond raken.

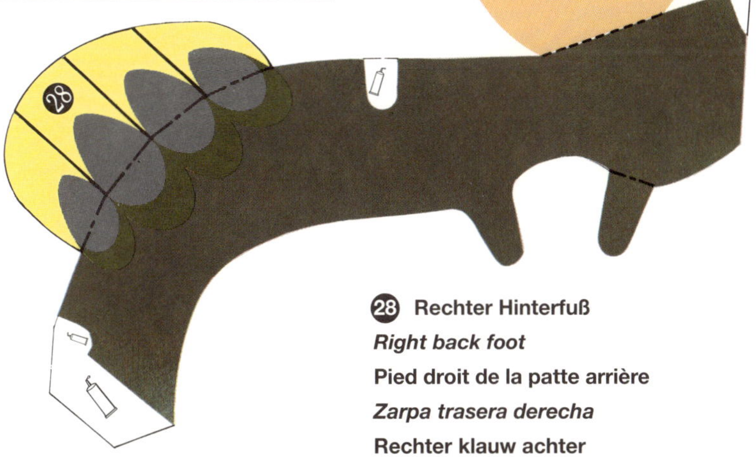

4 Die fertigen Beine
The finished legs
Les pattes achevées
Las patas terminadas
De voltooide poten

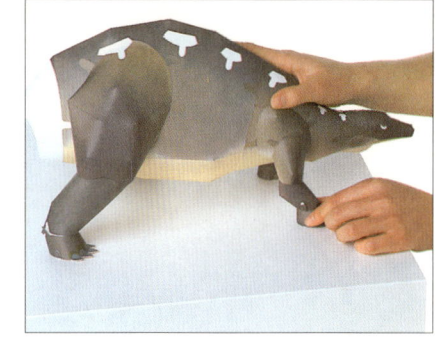

㉙ Linker Vorderfuß
Left front foot
Pied gauche de la patte avant
Zarpa delantera izquierda
Linker klauw voor

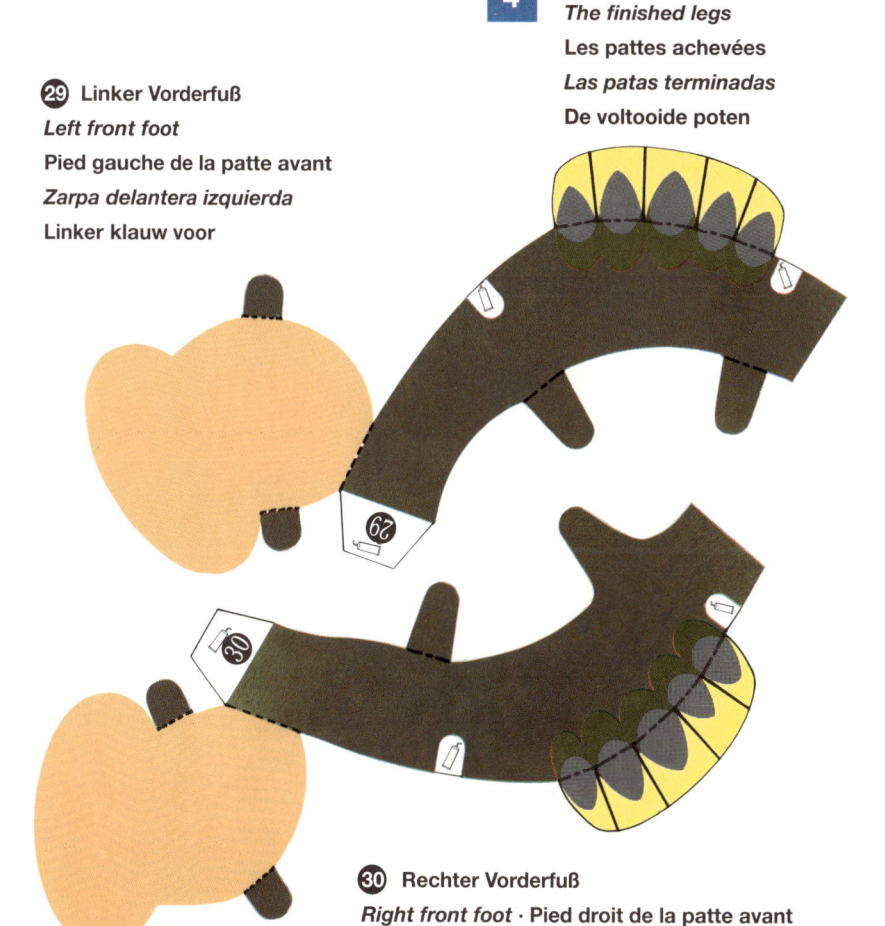

㉘ Rechter Hinterfuß
Right back foot
Pied droit de la patte arrière
Zarpa trasera derecha
Rechter klauw achter

㉚ Rechter Vorderfuß
Right front foot · Pied droit de la patte avant
Zarpa delantera derecha · Rechter klauw voor

22

5 Schwanz
Tail · Queue · Cola · Staart

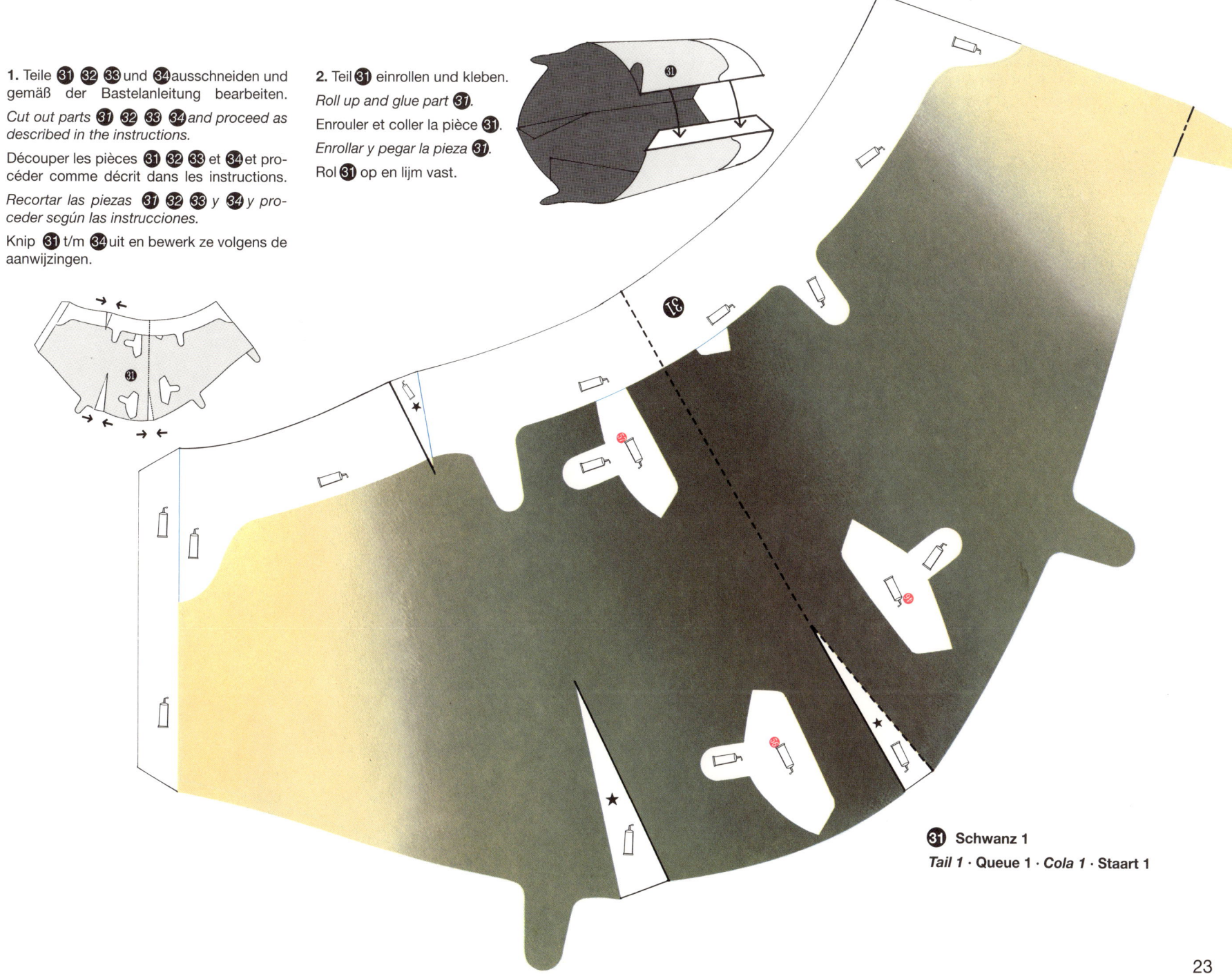

1. Teile ㉛ ㉜ ㉝ und ㉞ ausschneiden und gemäß der Bastelanleitung bearbeiten.

Cut out parts ㉛ ㉜ ㉝ ㉞ and proceed as described in the instructions.

Découper les pièces ㉛ ㉜ ㉝ et ㉞ et procéder comme décrit dans les instructions.

Recortar las piezas ㉛ ㉜ ㉝ y ㉞ y proceder según las instrucciones.

Knip ㉛ t/m ㉞ uit en bewerk ze volgens de aanwijzingen.

2. Teil ㉛ einrollen und kleben.

Roll up and glue part ㉛.

Enrouler et coller la pièce ㉛.

Enrollar y pegar la pieza ㉛.

Rol ㉛ op en lijm vast.

㉛ **Schwanz 1**
Tail 1 · Queue 1 · Cola 1 · Staart 1

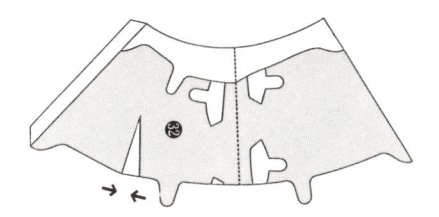

3. Teil ③② einrollen und kleben.
Roll up and glue part ③②.
Enrouler et coller la pièce ③②.
Enrollar y pegar la pieza ③②.
Rol ③② op en lijm vast.

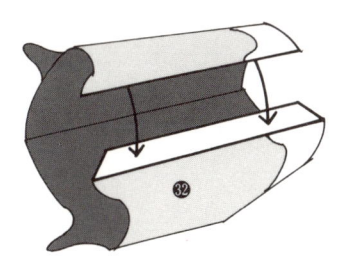

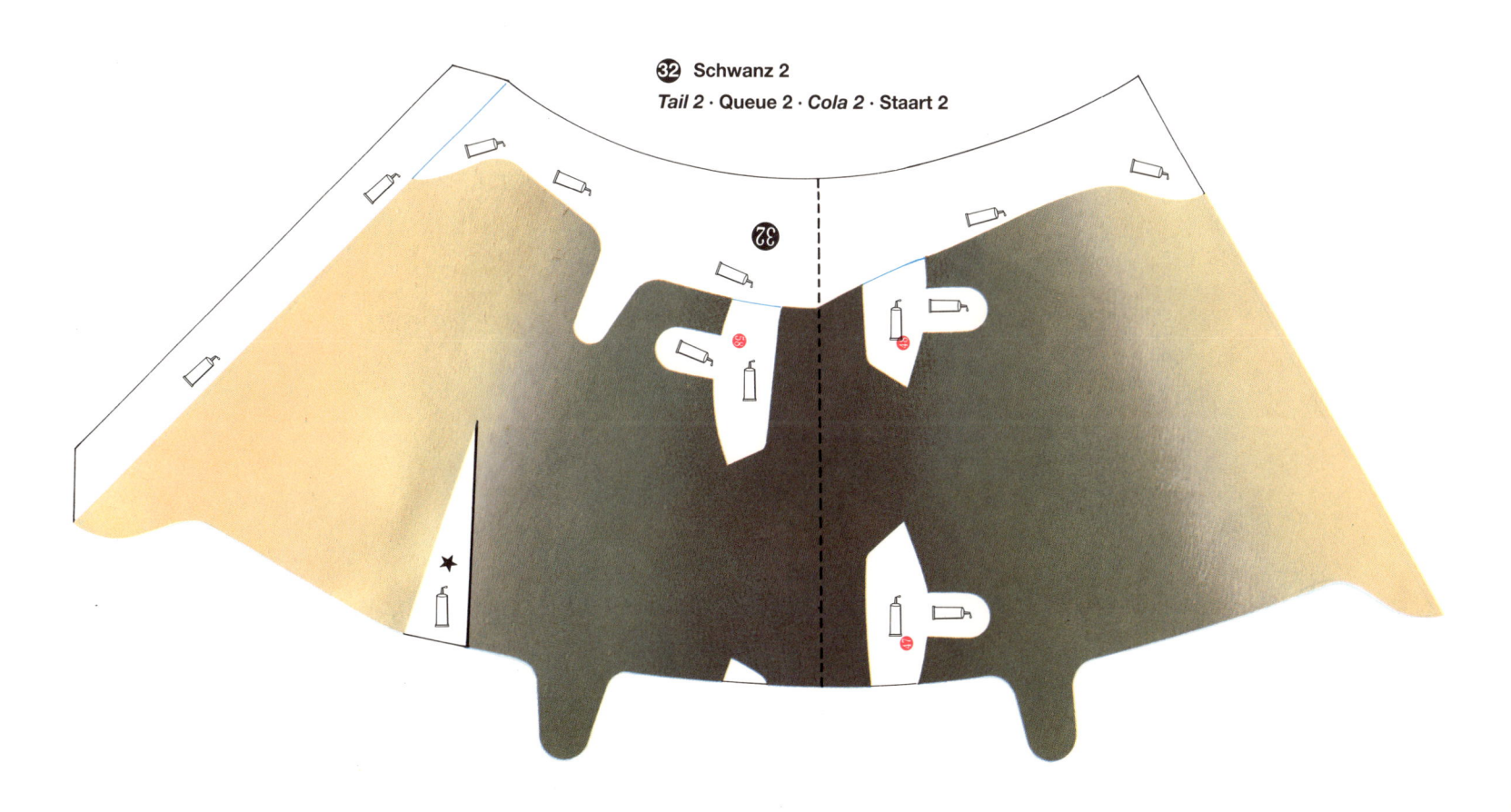

③② **Schwanz 2**
Tail 2 · Queue 2 · *Cola 2* · Staart 2

4. Teile ③③ und ③④ einrollen und kleben. Reihenfolge: AB.

Roll up and glue parts ③③ ③④. Order: AB.

Enrouler et coller les pièces ③③ et ③④. Ordre à suivre: AB.

Enrollar y pegar las piezas ③③ y ③④ en el orden AB.

Rol ③③ en ③④ op en lijm vast in de volgorde AB.

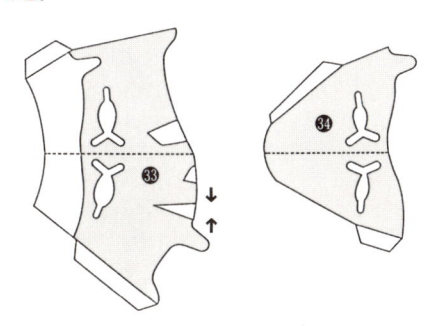

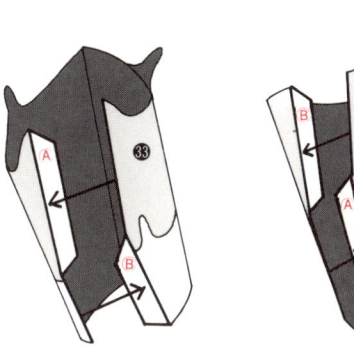

5. Teile ③① ③② ③③ und ③④ übereinanderschieben, zusammenkleben und am Becken festkleben.

Slip parts ③① ③② ③③ ③④ over each other, glue together and then glue onto pelvis.

Monter et coller les pièces ③① ③② ③③ et ③④ sur le bassin.

Pegar a la pelvis las piezas ③① ③② ③③ y ③④ encajándolas una en otra.

Schuif ③① ③② ③③ en ③④ over elkaar, lijm ze samen en lijm vast aan het bekken.

③④ **Schwanz 4**

Tail 4 · Queue 4 · Cola 4 · Staart 4

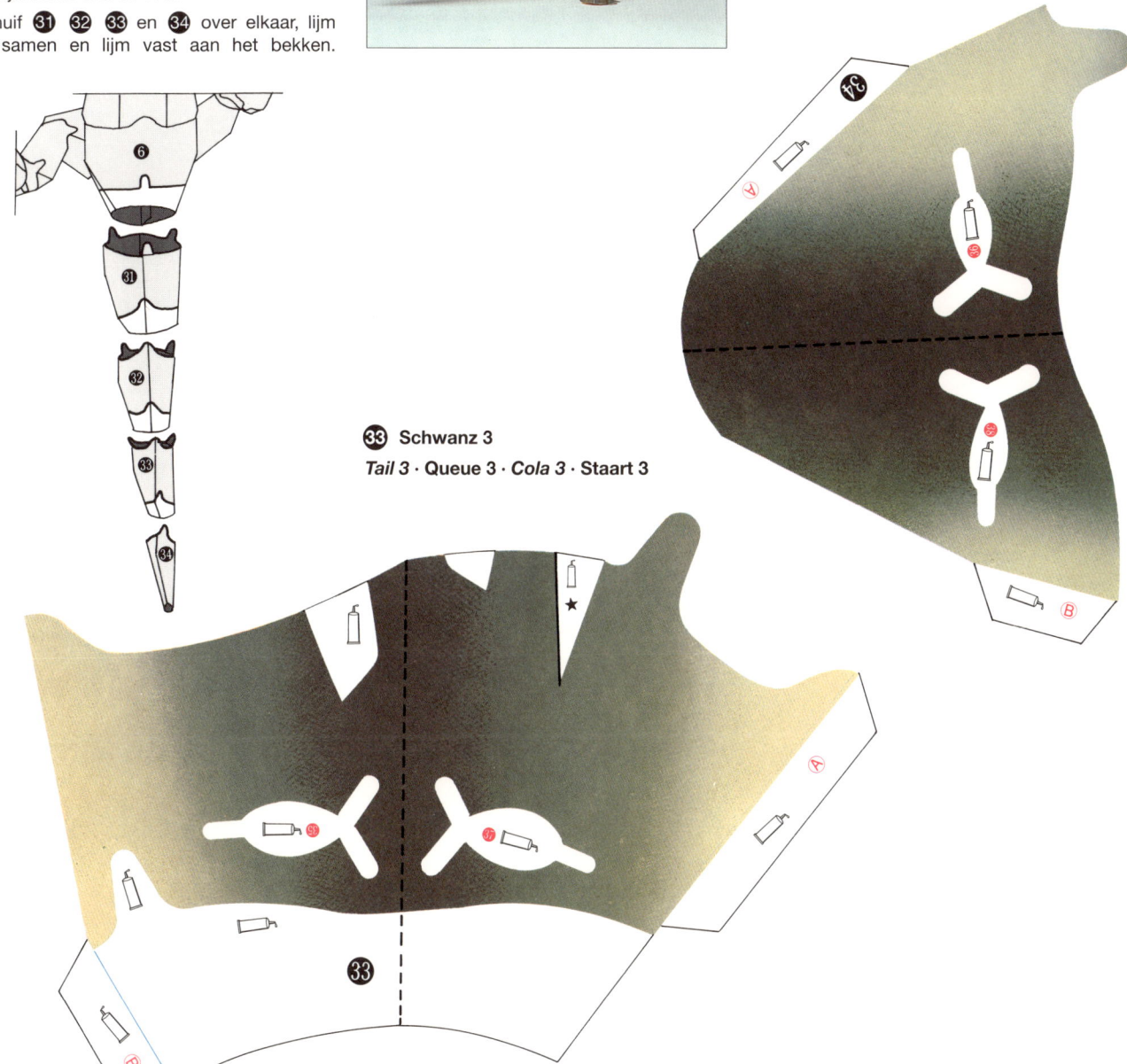

③③ **Schwanz 3**

Tail 3 · Queue 3 · Cola 3 · Staart 3

25

6. Teile ③⑤ und ③⑥ ausschneiden und gemäß der Bastelanleitung bearbeiten.

Cut out parts ③⑤ ③⑥, proceed as described in the instructions.

Découper les pièces ③⑤ et ③⑥ et procéder comme dans les instructions.

Recortar las piezas ③⑤ y ③⑥ y proceder según las instrucciones.

Knip ③⑤ en ③⑥ uit en bewerk ze volgens de aanwijzingen.

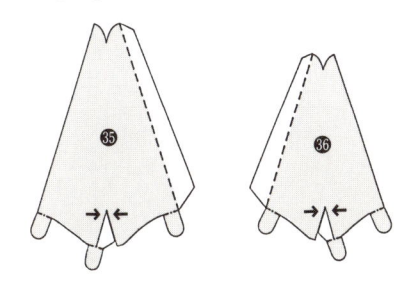

7. Die Teile einrollen und kleben. Nummern der Teile auf die Innenseiten der Laschen schreiben.

Roll up and glue parts. Write the part numbers on the backs of the tabs.

Enrouler et coller les pièces. Ecrire les numéros des pièces au dos des languettes.

Enrollar y pegar las piezas. Escribir el número de cada pieza en la parte trasera de la lengüeta.

Oprollen en vastlijmen. Schrijf het nummer van het onderdeel op de achterkant van de lipjes.

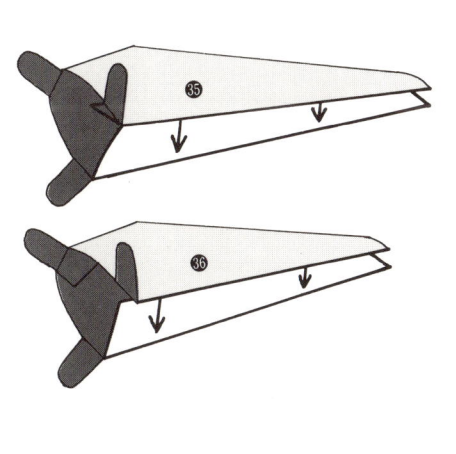

8. Teile ③⑦ und ③⑧ in gleicher Weise bearbeiten.

Cut out parts ③⑦ ③⑧ and proceed in the same way.

Procéder de la même façon pour les pièces ③⑦ et ③⑧.

Recortar las piezas ③⑦ y ③⑧ y proceder de igual manera.

Maak ③⑦ en ③⑧ op dezelfde manier.

9. Teile ③⑤ und ③⑥ links am Schwanz, Teile ③⑦ und ③⑧ rechts am Schwanz befestigen.

Fix ③⑤ ③⑥ to the left of the tail, then ③⑦ ③⑧ to the right.

Coller les pièces ③⑤ et ③⑥ sur le côté gauche de la queue et les pièces ③⑦ et ③⑧ sur le côté droit.

Fijar las piezas ③⑤ y ③⑥ en el lado izquierdo de la cola, luego las piezas ③⑦ y ③⑧ en el lado derecho de la cola.

Bevestig ③⑤ en ③⑥ links, en ③⑦ en ③⑧ rechts aan de staart.

5 **Der fertige Schwanz**
The finished tail
La queue achevée
La cola terminada
De voltooide staart

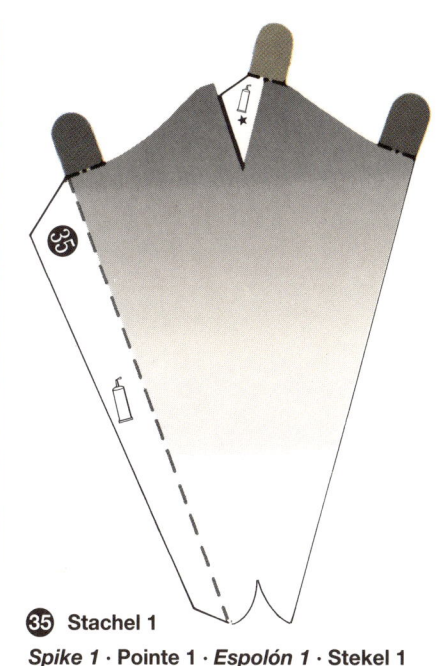

③⑤ **Stachel 1**
Spike 1 · **Pointe 1** · *Espolón 1* · Stekel 1

③⑥ **Stachel 2** · *Spike 2* · **Pointe 2**
Espolón 2 · Stekel 2

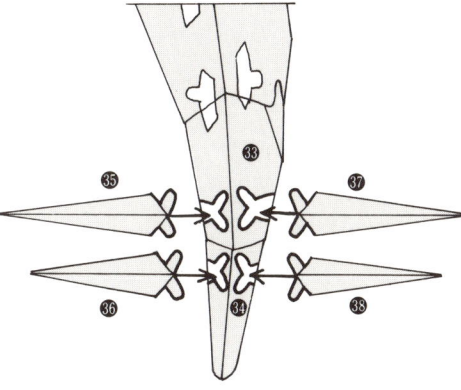

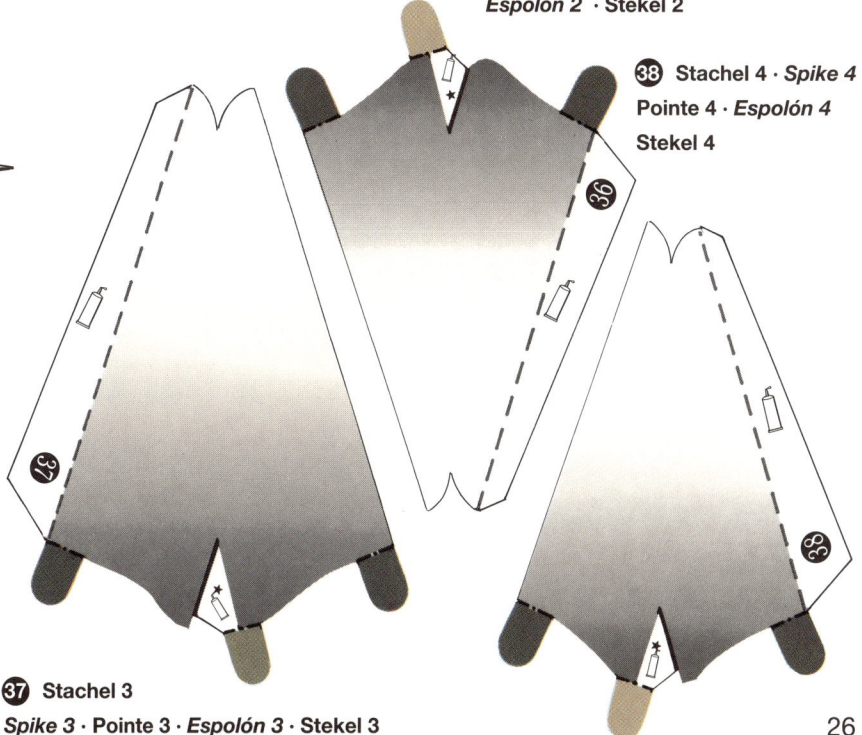

③⑧ **Stachel 4** · *Spike 4*
Pointe 4 · *Espolón 4*
Stekel 4

③⑦ **Stachel 3**
Spike 3 · **Pointe 3** · *Espolón 3* · Stekel 3

6 Schilde

Back plates · Plaques dorsales
Escudos · Schilden

1. Das gesamte Teil mit den Teilen ㊴ ㊵ und ㊶ ausschneiden und gemäß der Bastelanleitung bearbeiten. Die beiden Hälften genau aneinanderfügen. Keinen Klebstoff auf die Laschen auftragen.

Cut out the whole part including ㊴ ㊵ ㊶ and proceed as described in the instructions. Fit the two halves together exactly. Don't get glue on the tabs.

Découper la pièce contenant les pièces ㊴ ㊵ et ㊶ et procéder comme dans les instructions. Les deux moitiés doivent se superposer. Ne pas appliquer de colle sur les languettes.

Recortar completamente la pieza que contiene las piezas ㊴ ㊵ y ㊶ y proceder según las instrucciones. Unir las dos mitades exactamente. No esparcir pegamento en las lengüetas.

Knip het onderdeel met ㊴ ㊵ en ㊶ erin in zijn geheel uit, en bewerk het volgens de aanwijzingen. Lijm de twee kanten precies op elkaar. Breng geen lijm aan op de lipjes.

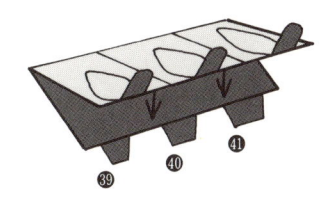

2. Den gelben Teil um die Schilde herum wegschneiden. Die Nummern der Einzelteile auf die Unterseite der Laschen schreiben.

Cut away the yellow part from around the plates. Write the part numbers on the bottoms of the tabs.

Découper la partie jaune autour des plaques dorsales. Ecrire les numéros des pièces au dos des languettes.

Recortar toda la parte amarilla alrededor de los escudos. Escribir los números de las diferentes piezas en la parte inferior de las lengüetas.

Knip het gele gedeelte helemaal weg. Schrijf de nummers van de onderdelen aan de onderkant van de lipjes.

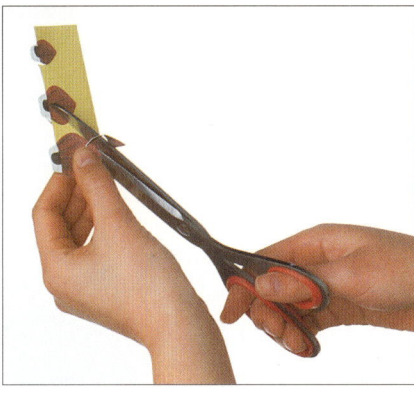

3. Teil ㊷ gemäß der Bastelanleitung bearbeiten. Die Ränder genau aufeinander kleben, so daß sich das Schild leicht wölbt. Am Rand der Innenseite einen Klebstoffrand von ca. 5 mm Breite auftragen.

Cut out part ㊷ and proceed as described in the instructions. Glue the edges exactly together so that the plate bulges slightly. Spread a strip of glue, about 5 mm wide, along the inside edge.

Découper la pièce ㊷ selon les instructions. Les contours doivent se superposer de façon à ce que les plaques se bombent. A l'intérieur de la plaque, appliquer une marge de colle d'environ 5 mm.

Recortar la pieza ㊷ y proceder según las instrucciones. Las orillas deben concordar exactamente, de manera que el escudo se abombe ligeramente. Esparcir una línea de pegamento de aproximadamente 5 mm de anchura al borde del lado interno del escudo.

Knip ㊷ uit en bewerk het volgens de aanwijzingen. Lijm de randen precies op elkaar, zodat het schild licht opbolt. Breng aan de binnenkant van het schild een lijmrand aan van ongeveer 5 mm breed.

㊴ **Linker Schild 1** · *Left plate 1* · Plaque dorsale gauche 1
Escudo izquierdo 1 · Linker schild 1

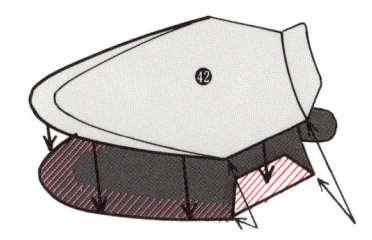

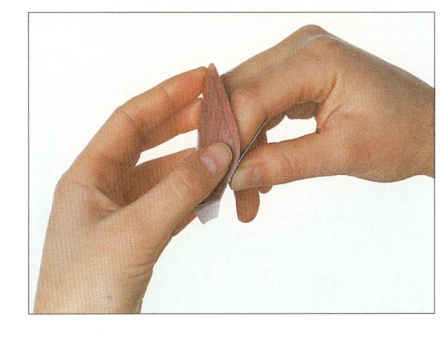

4. Den gelben Teil ganz wegschneiden. Die Nummer des Teils auf die Rückseite der Laschen schreiben.

Cut away yellow part completely. Write the part numbers on the backs of the tabs.

Découper toute la partie jaune et écrire le numéro de la pièce au dos de la languette.

Recortar toda la parte amarilla. Escribir el número de cada pieza en la parte trasera de la lengüeta.

Knip het gele gedeelte weg en schrijf het nummer van het onderdeel op de achterkant van de lipjes.

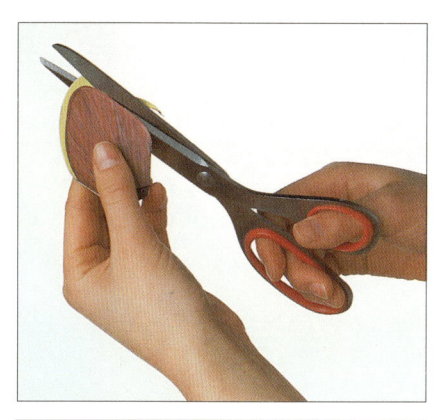

㊵ **Linker Schild 2** · *Left plate 2*
Plaque dorsale gauche 2 · *Escudo izquierdo 2*
Linker schild 2

㊶ **Linker Schild 3** · *Left plate 3*
Plaque dorsale gauche 3 · *Escudo izquierdo 3*
Linker schild 3

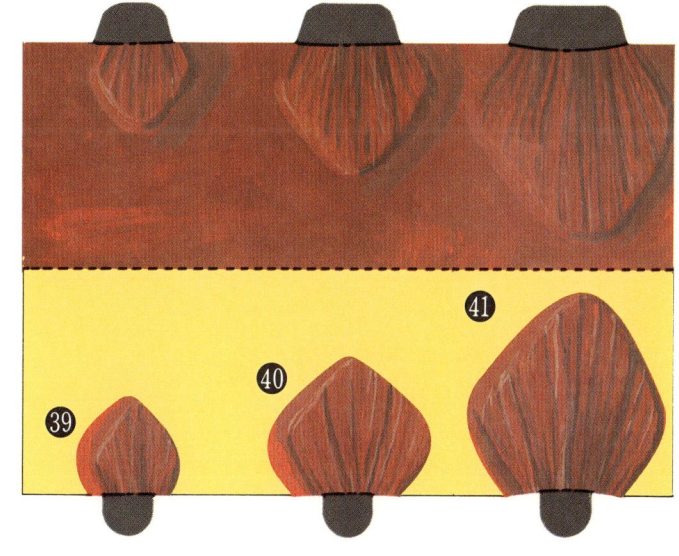

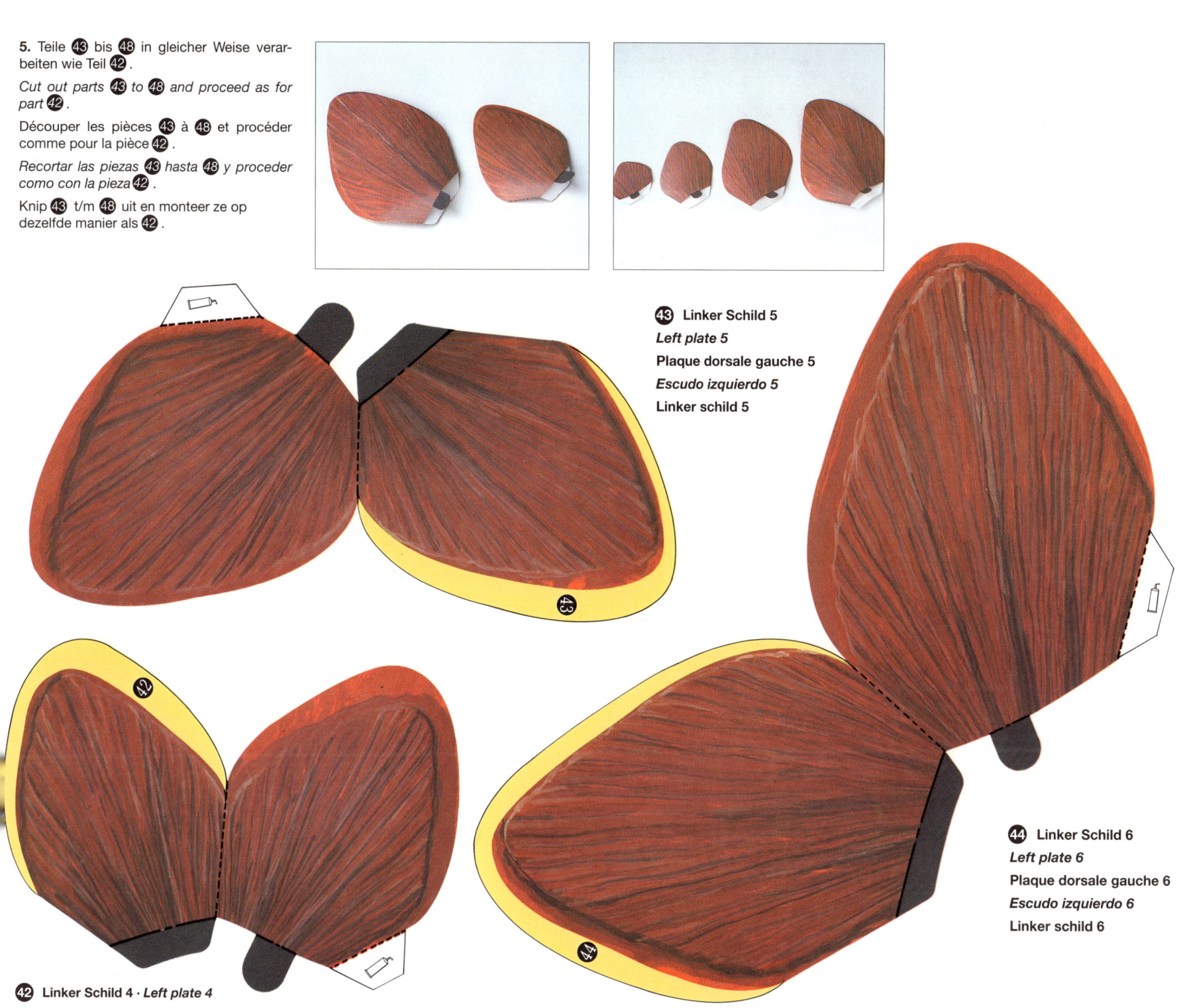

5. Teile ㊸ bis ㊽ in gleicher Weise verarbeiten wie Teil ㊷.

Cut out parts ㊸ to ㊽ and proceed as for part ㊷.

Découper les pièces ㊸ à ㊽ et procéder comme pour la pièce ㊷.

Recortar las piezas ㊸ hasta ㊽ y proceder como con la pieza ㊷.

Knip ㊸ t/m ㊽ uit en monteer ze op dezelfde manier als ㊷.

㊸ **Linker Schild 5**
Left plate 5
Plaque dorsale gauche 5
Escudo izquierdo 5
Linker schild 5

㊹ **Linker Schild 6**
Left plate 6
Plaque dorsale gauche 6
Escudo izquierdo 6
Linker schild 6

㊷ **Linker Schild 4** · *Left plate 4*
Plaque dorsale gauche 4 · *Escudo izquierdo 4* · **Linker schild 4**

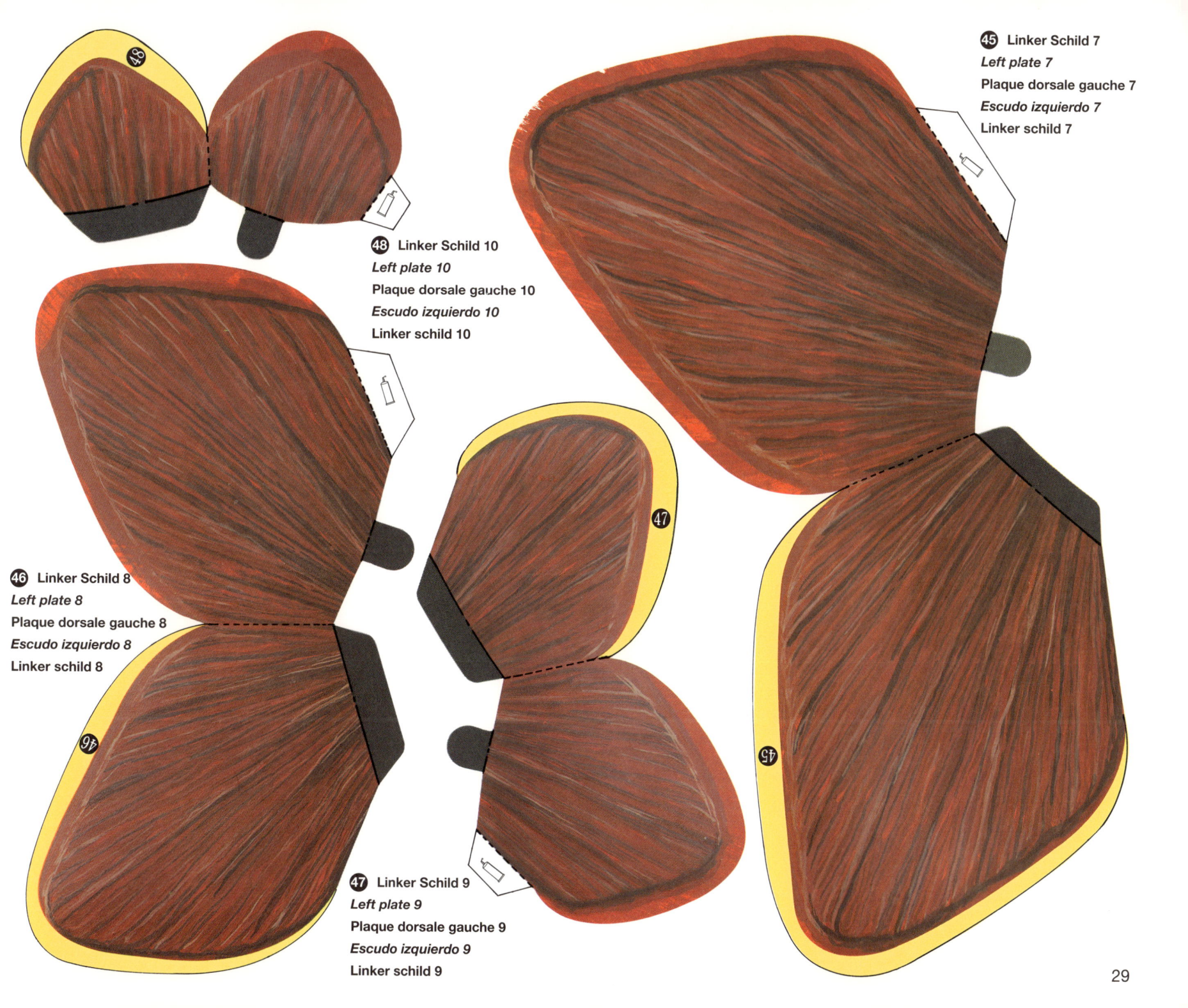

48 Linker Schild 10
Left plate 10
Plaque dorsale gauche 10
Escudo izquierdo 10
Linker schild 10

45 Linker Schild 7
Left plate 7
Plaque dorsale gauche 7
Escudo izquierdo 7
Linker schild 7

46 Linker Schild 8
Left plate 8
Plaque dorsale gauche 8
Escudo izquierdo 8
Linker schild 8

47 Linker Schild 9
Left plate 9
Plaque dorsale gauche 9
Escudo izquierdo 9
Linker schild 9

29

6. Die Teile ㊾ bis ㊽ wie die Teile ㊷ bis ㊽ verarbeiten.

Cut out parts ㊾ to ㊽ and proceed as for parts ㊷ to ㊽.

Découper les parties ㊾ et ㊽ et procéder comme pour les pièces ㊷ à ㊽.

Recortar las piezas ㊾ hasta ㊽ y proceder como con las piezas ㊷ hasta ㊽.

Maak ㊾ t/m ㊽ op dezelfde manier als de linker schilden.

㊾ Rechter Schild 1 · *Right plate 1* · Plaque dorsale droite 1
Escudo derecho 1 · Rechter schild 1

㊿ Rechter Schild 2 · *Right plate 2* · Plaque dorsale droite 2
Escudo derecho 2 · Rechter schild 2

㊋ Rechter Schild 3 · *Right plate 3* · Plaque dorsale droite 3
Escudo derecho 3 · Rechter schild 3

㊌ Rechter Schild 5
Right plate 5
Plaque dorsale droite 5
Escudo derecho 5
Rechter schild 5

㊍ Rechter Schild 4
Right plate 4
Plaque dorsale droite 4
Escudo derecho 4
Rechter schild 4

㊎ Rechter Schild 6
Right plate 6
Plaque dorsale droite 6
Escudo derecho 6
Rechter schild 6

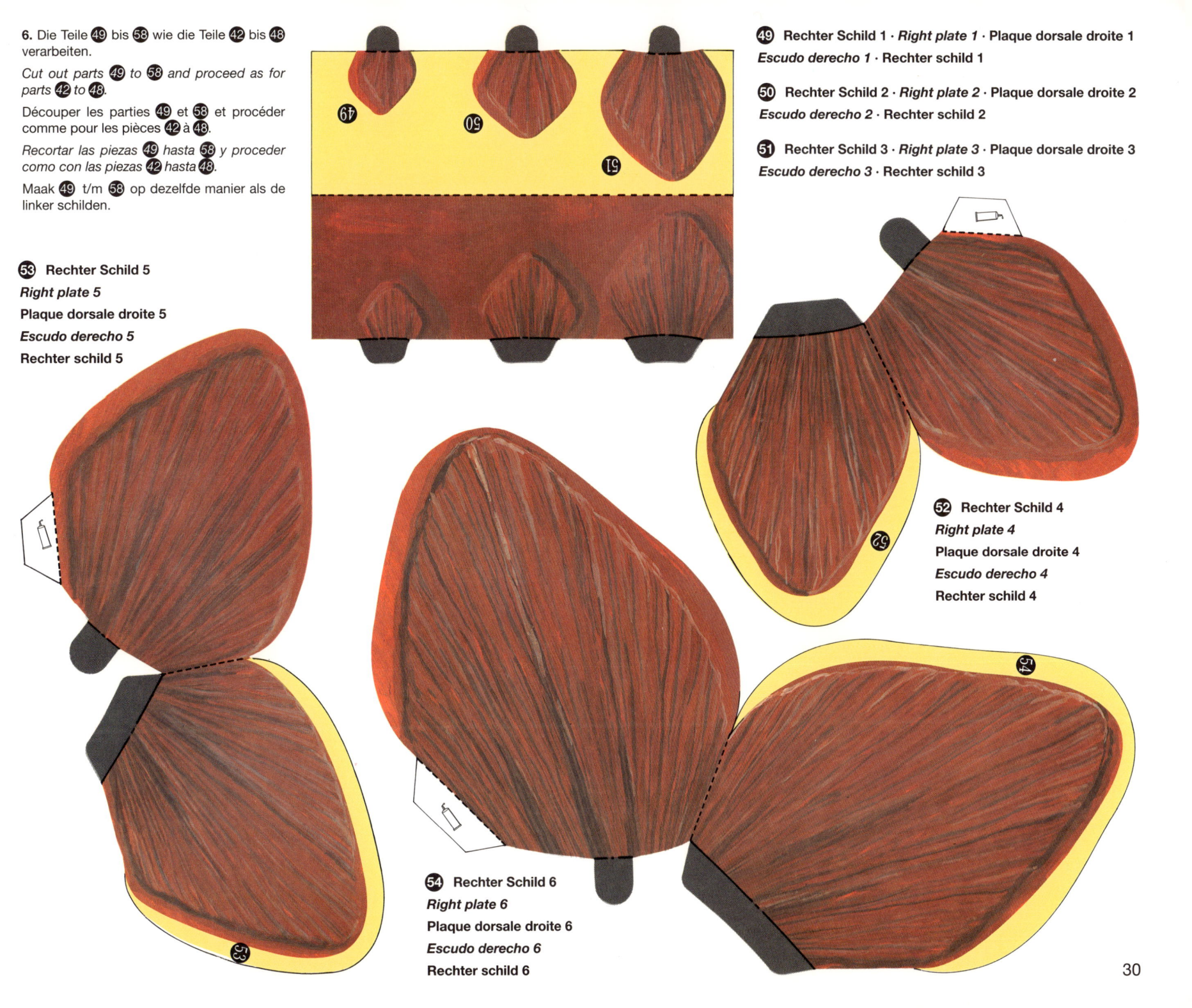

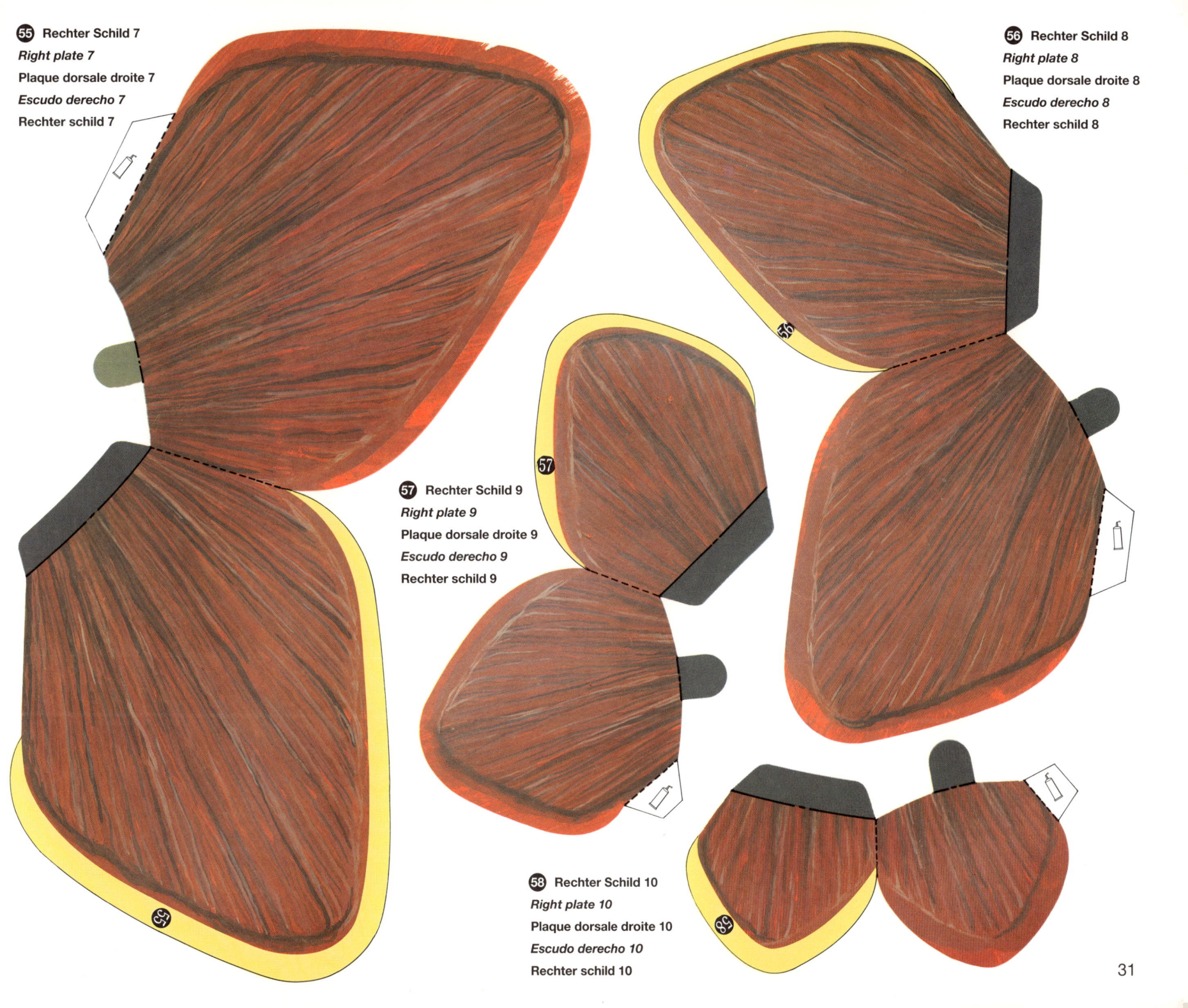

55 Rechter Schild 7
Right plate 7
Plaque dorsale droite 7
Escudo derecho 7
Rechter schild 7

56 Rechter Schild 8
Right plate 8
Plaque dorsale droite 8
Escudo derecho 8
Rechter schild 8

57 Rechter Schild 9
Right plate 9
Plaque dorsale droite 9
Escudo derecho 9
Rechter schild 9

58 Rechter Schild 10
Right plate 10
Plaque dorsale droite 10
Escudo derecho 10
Rechter schild 10

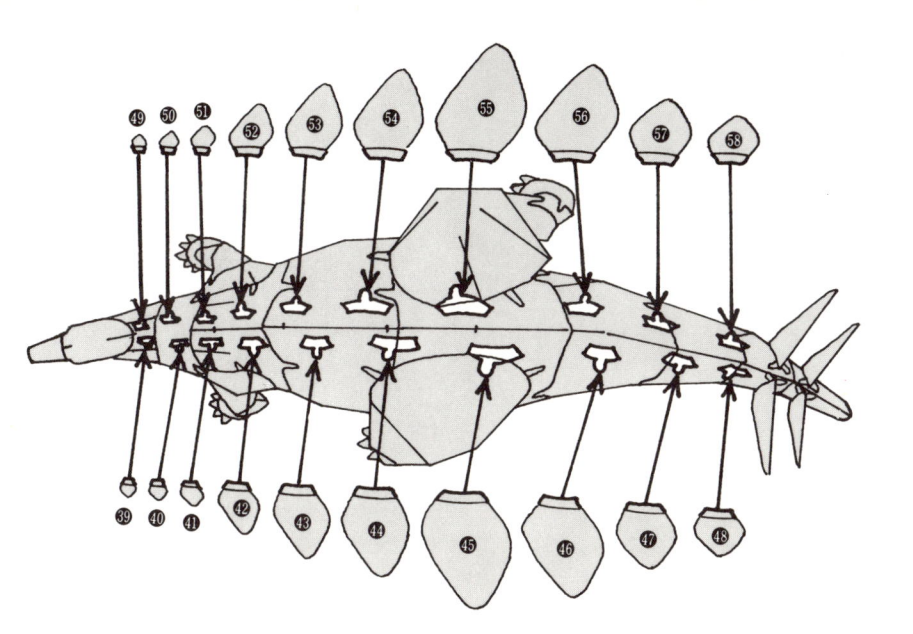

Zuerst die Seite mit der großen Lasche gut festkleben.

First glue the side with the large tab.

Coller d'abord le côté de la grande languette.

Pegar primero el lado de la lengüeta grande.

Lijm eerst de kant met het grote lipje stevig vast.

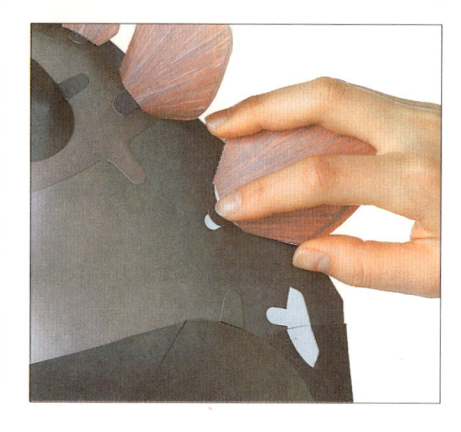

Anschließend die Seite mit der kleinen Lasche festkleben.

Then glue the side with the small tab.

Coller ensuite celin de la petite languette.

A continuación, pegar el lado de la lengüeta pequeña.

Bevestig daarna het kleine lipje.

7. Die linken Schilde ㊴ bis ㊽ nacheinander an der linken Seite des Rumpfes befestigen.

Fix left plates ㊴ to ㊽ in order onto left side of body.

Fixer les pièces ㊴ à ㊽ sur la partie gauche du corps.

Fijar una tras otra las piezas ㊴ hasta ㊽ a la parte izquierda del tronco.

Bevestig achtereenvolgens ㊴ t/m ㊽ aan de linkerkant van de romp.

8. Die rechten Schilde ㊾ bis ㊽ nacheinander an der rechten Seite des Rumpfes befestigen.

Fix right plates ㊾ to ㊽ in order onto right side of body.

Fixer les pièces ㊾ à ㊽ sur la partie droite du corps.

Fijar una tras otra las piezas ㊾ hasta ㊽ a la parte derecha del tronco.

Bevestig achtereenvolgens ㊾ t/m ㊽ aan de rechterkant van de romp.

Der Stegosaurus ist fertig!

Your Stegosaurus is finished!

Le stégosaure est achevé!

!El estegosaurio está listo!

De stegosaurus is klaar!

32

Ikuo Obata

Direktor der Abteilung Geologische Forschung des staatlichen Museums für Naturwissenschaft

Director for Geological Research at the National Museum for Natural Sciences

Directeur de recherche en géologie du musée national des sciences naturelles

Director de investigación en geología del Museo Nacional de Ciencias Naturales

Directeur van het geologisch Instituut van het Nationaal Natuurwetenschappelijk Museum

© 1993 Könemann Verlagsgesellschaft mbH
Bonner Str. 126, D-50968 Köln

© 1989 by Studio Com/ Kumon Publishing Co., Ltd., translation rights arranged with Kumon Publishing Co., Ltd. through Japan Foreign-Rights Centre

Translations: Monika Unbehaun, Hannover
Cover design: Peter Feierabend, Berlin
Photographer (cover): Jens Schulz, Berlin
Layout: RZ-Werbeagentur, Hannover
Printed by: PDC, Paderborn

Printed in Germany
ISBN 3-89508-002-0

Der Stegosaurus, ein Drache mit Schwertern auf dem Rücken.

Der Stegosaurus, ein pflanzenfressender Dinosaurier, lebte vor etwa 150 Millionen Jahren am Ende der Jurazeit und ähnelte dem Brontosaurus. Er wurde vier bis neun Meter lang, anderthalb Meter hoch und bis zu zwei Tonnen schwer.

Mitten auf seinem Rücken, von seinem Kopf bis zum Schwanz, befanden sich zwei Reihen charakteristischer, fünfeckiger Platten (Schilde), die in langer Zeit durch Anpassung der Haut entstanden waren. Da die Schilde eine große Anzahl von Kanälen enthielten, die vermutlich von Blutgefäßen durchzogen wurden, nimmt man an, daß sie als Radiatoren zur Regelung der Körpertemperatur dienten.

Man geht davon aus, daß es sich bei den paarweise am Schwanzende angeordneten Stacheln um Waffen zur Verteidigung gegen Feinde handelte. Wenn der Stegosaurus seinen Oberkörper mit den Vorderbeinen hin und her bewegte und dabei seine Hinterbeine als Achse benutzte, wurde durch die Gegenbewegung das Schwanzende nach links und rechts geschleudert. Dies war zweifellos eine Bedrohung für die angriffslustigen, fleischfressenden Dinosaurier.

Aufgrund seines kurzen Halses wurde vermutet, daß der Stegosaurus ausschließlich niedrigwachsende Pflanzen fraß. Da jedoch starke Muskeln von den Schultern bis zum Schwanzansatz bogenförmig an seinem schweren Körper wuchsen und diesen damit hochhielten wie eine Brücke und die Hinterbeine zusammen mit dem Schwanz drei Beine bildeten, vermutet man, daß er seinen Kopf in eine beträchtliche Höhe heben konnte. Sicherlich hat er auch wohlschmeckende Bätter und Früchte gegessen, wie die der japanischen Farnpalme.

Schädeluntersuchungen ergaben, daß sein Hirnvolumen gering war. Aus dem Grund wird der Stegosaurus zu den niederen Tieren gezählt. In seinem hinteren Kopfteil gab es jedoch Punkte, die als Nervenpunkte bezeichnet werden könnten und die den zwanzigfachen Hirnumfang hatten. Daher konnte sich ein Stegosaurus, der von einem Feind angegriffen wurde, vermutlich ziemlich schnell bewegen.

Stegosaurus, a dragon with fins on its back.

Stegosaurus was a plant-eating dinosaur which looked a bit like a Brontosaurus and which lived at the end of the Jurassic period, around 150 million years ago. It was between 4 and 9 metres long, was 1.5 metres high and weighed up to 2 tons. In the middle of its back, from head to tail, were two rows of distinctive, five-sided plates which had evolved from skin over a great length of time. As these plates contained a great number of hollow channels, it is presumed that arteries for blood passed through these in order that the plates could act like cooling fins for regulating the body temperature.

The spikes located in pairs on both sides of the tail were most probably used for defence. If the Stegosaurus rocked its body back and forth with its front legs, using its back legs as a pivot, then this contrary motion would cause the end of its tail to be tossed sideways. This would certainly have been dangerous for any meat-eating dinosaur tempted to attack Stegosaurus.

Because its neck was not very long, it is presumed that Stegosaurus only ate plantas growing at ground level. It seems possible, however, that Stegosaurus could lift its head up quite considerably because it had developed strong muscles on its heavy body from the shoulders down to the tail, and could hold these up like a bridge and also use the tail as a third leg together with the back legs. It certainly also ate tasty leaves and fruit, such as Japanese fern palms.

Examinations of the skull have revealed that Stegosaurus only had a small brain and, therefore, is to be classified among the lower orders of animals. On the other hand however, there are points at the back of its body which may well have been nerves with a volume 20 times that of its brain, so Stegosaurus could probably move pretty quickly if it were attacked by an enemy.

Le stégosaure, un dragon avec des boucliers sur le dos.

Le stégosaure est un dinosaure herbivore qui a vécu à la fin du Jurassique, il y a environ 150 millions d'années. Il ressemblait au brontosaure. Il mesurait de quatre à neuf mètres, était haut de un mètre et demi et pesait jusqu'à deux tonnes.

Au milieu de son dos, de la tête jusqu'à la queue, se trouvaient deux rangées de plaques dorsales pentagonales (épines) qui se sont constituées par une longue adaptation de la peau. Comme ces plaques contenaient un réseau de cavités dans lesquelles devaient circuler des vaisseaux sanguins, on suppose qu'elles servaient à régulariser la température du corps.

On suppose que les pointes se trouvant deux par deux vers l'extrémité de la queue étaient une arme défensive contre des ennemis. Lorsque le stégosaure balançait son buste à l'aide de ses pattes avant en utilisant ses pattes arrière comme axe, l'extrémité de la queue était projetée à gauche et à droite par un mouvement contraire. Cela constituait sans doute une menace pour les dinosaures carnivores toujours prêts à attaquer.

Comme son cou n'était pas tellement long, on a d'abord supposé que le stégosaure se nourrissait exclusivement de plantes qui ne poussaient pas très haut. Mais comme il avait de puissants muscles en forme d'arc allant des épaules jusqu'à la naissance de la queue et soutenant son corps tel un pont, et qu'il prenait appui sur sa queue et ses deux pattes arrière, il semble qu'il ait pu lever sa tête jusqu'à une hauteur non négligeable. Il a sûrement mangé des feuilles et des fruits savoureux, comme la fougère arborescente japonaise.

Les examens du crâne ont montré que le cerveau du stégosaure était très petit. Pour cette raison, il est classé parmi les animaux inférieurs. Mais il existait des points dans la partie postérieure du corps pouvant être désignés comme points nerveux et ayant vingt fois le volume du cerveau. Il est donc probable qu'un stégosaure, s'il était attaqué par un ennemi, pouvait se mouvoir très rapidement.

El estegosaurio, un dragón con espadas sobre la espalda.

El estegosaurio es un dinosaurio herbívoro que vivió al final del jurásico, hace unos 150 millones de años, y que tenía similitud con el brontosaurio. Llegó a tener una longitud de hasta nueve metros, una altura de metro y medio y un peso de hasta dos toneladas.

En el centro de su espalda, desde la cabeza hasta la cola, se encontraban dos filas de placas pentagonales características (escudos) que se originaron en la piel en el transcurso de un largo período de adaptación. Debido a que los escudos estaban provistos de un gran número de canales, que supuestamente contenían vasos sanguíneos, se supone que servían de radiadores para regular la temperatura corporal.

A ambos lados del extremo final de la cola se encontraban sendos pares de espolones que le servían de arma para defenderse de sus enemigos. Cuando el estegosaurio balanceaba la parte delantera de su cuerpo hacia izquierda y derecha, moviendo para esto las patas delanteras y usando las patas traseras como eje, el extremo final de la cola era aventado hacia izquierda y derecha en sentido contrario a la parte delantera del cuerpo. Esta actitud era sin duda una amenaza para los dinosaurios carnívoros que desearan atacar.

Ya que su cuello era bastante corto, se suponía que el estegosaurio solamente comía plantas de baja altura, pero debido a que disponía de fuertes músculos que crecían en forma de arco desde los hombros hasta el principio de la cola, sosteniendo su pesado cuerpo como un puente, y debido a que las patas traseras y la cola funcionaban como tres piernas, parece ahora que podía elevar su cabeza hasta una altura considerable. Seguramente comía hojas y frutos gustosos, como la palma helecho japonesa.

De acuerdo con los exámenes que se han hecho de su cráneo, su volumen cerebral era pequeño, por esta razón se considera el estegosaurio como uno de los animales inferiores. Sin embargo, en la parte posterior de su cuerpo se encontraban puntos, que al parecer eran nudos nerviosos de un tamaño veinte veces mayor que el del cerebro. Por este motivo se puede suponer que un estegosaurio atacado por un enemigo se podía mover con bastante rapidez.

De stegosaurus, een draak met zwaarden op zijn rug

De stegosaurus is een plantenetende dinosaurus die leefde aan het einde van het Jura-tijdperk, ongeveer 150 miljoen jaar geleden, en leek op de brontosaurus. Hij werd vier tot negen meter lang, anderhalve meter hoog en twee ton zwaar.

Midden op zijn rug, van zijn kop tot aan zijn staart, stonden twee rijen karakteristieke, vijfhoekige platen (schilden), die in lange tijd ontstonden door modificatie van de huid. Omdat de schilden een groot aantal kanalen bevatten, waarvan men aanneemt dat er bloedvaten doorheen liepen, vermoedt men dat ze dienden als radiatoren om de lichaamstemperatuur te regelen.

Van de uitsteeksels, die in paren aan weerszijden van het uiteinde van de staart stonden, neemt men aan dat ze wapens waren om zich tegen vijanden te verdedigen. Wanneer de stegosaurus zijn lichaam met de voorpoten heen en weer bewoog, en de achterpoten als as gebruikte, werd door de tegenbeweging het uiteinde van de staart naar links en naar rechts geslingerd. Dit was beslist een bedreiging voor de wrede, vleesetende dinosauriërs.

Omdat zijn nek niet zo lang was, heeft men aangenomen dat de stegosaurus alleen planten at die op de grond groeiden, maar omdat er sterke spieren groeiden van de schouders tot de wortel van de staart, die in een cirkel vastzaten aan het zware lichaam en het zo omhoog hielden als een brug, en omdat de achterpoten, samen met de staart, als drie poten gebruikt werden, ziet het ernaar uit dat hij zijn kop tot redelijke hoogte kon optillen. Hij zal zeker ook lekkere vruchten en bladeren hebben gegeten, zoals die van de Japanse varen-palm.

Volgens onderzoek naar de schedel was zijn herseninhoud klein, en de stegosaurus wordt daarom onder de lagere dieren gerekend. Maar omdat er in plaats daarvan in het achterlijf plaatsen waren die men zenuwknopen zou kunnen noemen, en die twintig maal de herseninhoud vormden, kan men ook vermoeden dat wanneer de stegosaurus door een vijand werd aangevallen, hij tamelijk snel kon bewegen.